NECTAI

Despre Ma

Colecția Patristica pentru toți

SFÂNTUL NECTARIE
DIN EGHINA

Despre Maica Domnului și sfinți

Traducere din limba greacă veche
protopresbiter dr. Gabriel Mândrilă

SOPHIA / METAFRAZE
București

Redactor: Laura Mândrilă

Coperta: Cathisma Graphics

Descrierea CIP a Bibliotecii Naționale a României
NECTARIE DIN EGHINA, sfânt
Despre Maica Domnului și sfinți / Sfântul Nectarie din Eghina; trad. din lb. greacă veche: protopresbiter dr. Gabriel Mândrilă – București: Editura Sophia: Metafraze, 2021
ISBN 978-973-136-828-3
ISBN 978-606-8997-16-2

I. Mândrilă, Gabriel (trad.)

DESPRE PREASFÂNTA NĂSCĂTOARE DE DUMNEZEU

1.
Despre purureafecioria Născătoarei de Dumnezeu

Biserica Ortodoxă mărturisește că Preasfânta Născătoare de Dumnezeu a fost înainte de naștere fecioară, în naștere, fecioară și după naștere a rămas de asemenea fecioară, păzindu-și neatinsă fecioria (*Mărturisirea Credinței Ortodoxe*, răspunsul la întrebarea a XXX-a).

Profetul Isaia, care a prorocit nașterea din Fecioară a Mântuitorului, a numit-o pe Maica lui Emanuel „Fecioară": „Iată, Fecioara va lua în pântece și va naște fiu și vor chema numele lui Emanuel" (*Is.* 7, 14). Aceasta o vădește fecioară nu doar înainte de naștere, ci și în naștere, precum și după naștere, căci Fecioara urma să fie arătată Maică a lui Dumnezeu, pe Care avea să-L zămislească, să-L hrănească cu lapte și să-L crească la vârsta pruncției și copilăriei Sale. Fecioara s-a arătat Maică a lui Emanuel nu doar în vremea nașterii, ci de-a pururi. După profet, Dumnezeu a ales o fecioară, liberă de orice legătură conjugală, fără nici o datorie față de nimeni. Acest lucru e adeverit și de cuvântul *haelmach,* așa cum e atestat de *Fac.* 24, 43, unde fecioara Rebeca e numită *haelmach,* în timp ce tinerele care cântau din timpane erau numite *haelmoth,* adică fecioare (*Ps.* 67, 26). De asemenea, în *Cântarea Cântărilor* 1, 3, în acord cu textul *Septuagintei,* se spune „de aceea tinerele te-au iubit", pe când textul ebraic folosește termenul *haelmoth,* „de aceea fecioarele te-au iubit". Firește, aici nu este vorba despre tinere căsătorite sau logodite; și că se referă la fecioară este evident și nimeni nu ar putea aduce vreo obiecție. Profetul, prin urmare, dinainte prezicând nașterea din Fecioară a lui Emanuel, socotește fecioara slobodă de orice îndatorire față de unii sau alții. Din profeție se vădește că Fecioara aceasta a fost menită de mai înainte de veci, aleasă fiind dintre toate neamurile, să devină Maica lui Dumnezeu. Astfel, Fecioara și Maica lui Emanuel, aleasă fiind de Dumnezeu, aparține doar lui Dumnezeu și nimănui altcuiva; iar dacă Dumnezeu, spre slujirea voii dumnezeiești, i l-a dat pe Iosif ca logodnic, legătura aceasta a fost pe deplin duhovnicească, fără a i se oferi lui Iosif vreun drept conjugal. Acest lucru a fost clar vădit de arhanghel lui Iosif care, înțelegând taina iconomiei (purtării de grijă) dumnezeiești, s-a arătat, plin de bunăvoință, slujitor al voii dumnezeiești. Dumnezeu așadar n-a ales-o pe logodnica lui Iosif ca mamă a lui Emanuel, ci pe cea de dinainte și dintre toate neamurile aleasă a încredințat-o lui Iosif spre răsplătirea virtuții sale; căci, neîndoielnic, Iosif a fost ales dintre toți iudeii.

În acord cu acestea, Sfânta Fecioară a fost menită să ajungă Maica lui Emanuel. Odată ajunsă, trebuia să rămână Maica lui Emanuel în veci: căci, de vreme ce a fost hărăzită pentru aceasta, se cuvenea a se dedica cu tot sufletul și inima unei astfel de chemări înalte –

grija și preocuparea ei neîncetate, singura datorie și necontenita slujire; că, într-adevăr, orice altă grijă sau preocupare, îndatorire, atenție sau interes, atâta timp cât ar fi distras-o de la înalta menire și de la sfânta misiune, ar fi arătat-o lipsită de virtutea cea dintâi și de împlinirea ei cu o abnegație desăvârșită – conștientizarea unei datorii preaînalte.

Sfânta Fecioară, ca Maică a lui Emanuel, nu și-ar fi putut asuma îndatorirea de a fi mama unor alți copii. Mai întâi pentru că dragostea ei maternă, evlavia față de Pruncul dumnezeiesc, afierosirea și adorarea Lui, focul dumnezeiesc care i-a aprins și înflăcărat inima, umplându-i-o de binele desăvârșit, nelăsând nici un loc, cât de mic, pentru desfătările sau plăcerile lumești, nu i-ar fi îngăduit defel să-și asume îndatoriri față de alți copii.

Apoi, cugetul ei întraripat, care cerceta cu multă luare-aminte Prun- dumnezeiesc, fiind mereu înălțat și doar de El preocupat, ar fi fă- neputință întoarcerea la alte și griji.

În al treilea rând, întrucât Dumnezeu este zelos (*Ieș*. 20, 5; 14, 34; *Deut*. 4, 24; *Iez*. 39, 25; *Naum* 1, 2), cere o dragoste absolută: o iubire din tot sufletul și cugetul, din toată puterea și inima; dacă Iisus a cerut o asemenea dragoste de la cei ce L-au urmat, cu atât mai mult avea s-o ceară de la Maica Sa. Pentru că tot ce Mântuitorul cere este un dar pentru noi din partea Lui Însuși, fiind nevoie doar de predispoziția celui care primește, urmează că Maica Domnului, care s-a învrednicit de un asemenea har și dar, L-a iubit pe Fiul ei cu tot cugetul, sufletul i s-a alipit de El, fără ca nici o putere s-o poată îndepărta de iubirea față de dumnezeiescul Prunc.

În al patrulea rând, pentru că pogorârea Sfântului Duh și nașterea unică a Fiului lui Dumnezeu au arătat-o pe Fecioara Maria nu doar Preasfântă Născătoare de Dumnezeu, ci și sfânt lăcaș și sălaș ale lui Dumnezeu. Iar cele afierosite Domnului și sfințite de El o dată nu mai pot deveni asemenea celor obișnuite, ci rămân întru totul sfinte lui Dumnezeu, aparținându-I doar

Lui. Astfel, Născătoarea de Dumnezeu n-ar fi putut naşte alţi prunci. Iar dacă fecioarele care se afierosesc lui Dumnezeu, rănite de iubirea faţă de Mirele Hristos, renunţă la căsătorii cu fii de împăraţi, ce-am mai putea adăuga despre Preasfânta noastră Născătoare de Dumnezeu?

Purureafecioria Născătoarei de Dumnezeu au prezis-o de veacuri prorocii. Printre cele dintâi profeţii cu referire la Fecioara se numără, alături de cuvintele lui Isaia, şi cele ale profetului Iezechiel despre poarta sfinţilor cea mai dinafară, cea îndreptată spre răsărit, pe care Dumnezeu i-a arătat-o într-o vedere a sa ca fiind închisă. Iată cuvintele profetului: „Apoi m-a dus bărbatul acela înapoi la poarta cea din afară a templului, spre răsărit, şi aceasta era închisă. Şi mi-a zis Domnul: «Poarta aceasta va fi închisă, nu se va deschide şi nici un om nu va intra pe ea, căci Domnul Dumnezeul lui Israel a intrat pe ea. De aceea va fi închisă. Cât priveşte pe cârmuitorul (*ἡγούμενος* [*LXX*]), el se va aşeza acolo, ca să mănânce pâine înaintea Domnului»" (*Iez*. 44, 1-3).

Prin cuvintele acestei vedenii profetul vestește tainic întruparea viitoare din Fecioară a lui Emanuel și purureafecioria Maicii Domnului.

Toți Sfinții Părinți din primele secole, în virtutea tradiției apostolice, așa au tâlcuit vederea aceasta a prorocului Ieremia. Numai că, în afară de acest lucru, dacă această profeție, prin vedenie, nu se va fi împlinit prin nașterea Fiului lui Dumnezeu, a Cârmuitorului lui Israel, din Fecioara Maria, atunci niciodată nu va mai fi avut parte de o împlinire a ei în urma venirii în lume a Mântuitorului. Prin vedenie s-a descoperit profetului intrarea Împăratului Celui Mare în lumea asta ca Fiu al Omului, ceea ce s-a petrecut prin Fecioara Maria; s-a descoperit că singurul Cârmuitor, Care urmează să mănânce pâine în această poartă, în Fecioară, adică să Se întrupeze în ea, va trece prin ea, și ea va rămâne închisă. Prin urmare, purureafecioria Născătoarei de Dumnezeu a fost dintru început hărăzită de voia dumnezeiască, precum hărăzită a fost și Fecioara dintre toate generațiile lui Israel de voia dumnezeiască spre a ajunge și a rămâne Maica lui Emanuel.

Sfântul Ambrozie tâlcuiește vedenia aceasta a profetului Iezechiel: „Care e poarta aceasta, dacă nu Maria, care pentru aceea este închisă, adică pentru că e Fecioară? Așadar, Maria e poarta prin care Hristos a intrat în lume, când a venit în urma unei nașteri feciorelnice, fără a strica cheile fecioriei" (Ambrozie, *De Virginibus*).

Sfânta Fecioară, care prin bunăvoința dumnezeiască a odrăslit și a născut, rămânând fecioară după naștere, ca și înainte de naștere, a fost preînchipuită în *Vechiul Testament,* de asemenea, și prin alte fapte minunate. Rugul ce ardea și nu se mistuia, rămânând nears după venirea focului dumnezeiesc, a preînchipuit-o pe Fecioară. Marea, care după trecerea lui Israel n-a mai fost trecută de nimeni cu piciorul, a prefigurat pururea feciori a Născătoarei de Dumnezeu. Piatra din care a izvorât apa cea vie pe Fecioară a preînchipuit. Stâlpul de foc, ce lumina calea lui Israel și norul cel luminos în care petrecea Domnul Dumnezeu pe Fecioara au prefigurat. Cortul Mărturiei pe Fecioara a vestit-o. Chivotul Legământului la Fecioară făcea trimitere. Toiagul lui Aaron, care a odrăslit, pe Fecioară a preînchipuit. Năstrapa în care se păstra mana dumnezeiască pe Fecioara o prefigura. Scara lui Iacov pe care Dumnezeu S-a pogorât pe Fecioara a prevestit-o. Roua pe lână pe Fecioară a preînchipuit. Templul din Ierusalim, locașul Împăratului a toate, a prefigurat-o. Cleștele tainic, pe care l-a văzut Isaia, cu care a fost luat cărbunele de pe jertfelnic, a preînchipuit-o pe Fecioara care a zămislit în pântecele ei pe dumnezeiescul cărbune Hristos. Muntele cel netăiat, din care s-a tăiat piatra din capul unghiului – Hristos –, pe Fecioară a prefigurat.

Cum, așadar, Fecioara, dinainte hărăzită să ajungă Maică a lui Dumnezeu, aleasă dintre toate neamurile, preînchipuită prin atâtea prefigurări tainice, simbolice și afierosită lui Dumnezeu, ar fi putut deveni soția lui Iosif? Nicicum, nicicând, căci Fecioara a fost înainte de naștere, în naștere și după naștere fecioară. Cele sfinte nu seamănă niciodată cu cele comune, obișnuite; cele afierosite lui Dumnezeu aparțin doar Lui. De aceea profanatorii celor sfinte sunt socotiți sacrilegi, lipsiți de evlavie și vrednici de osândă, fiindcă au siluit cele închinate lui Dumnezeu.

Privitor la pururea fecioria Preasfintei Maici a Domnului, Evanghelistul Luca ne istorisește: „Iar în a șasea lună a fost trimis îngerul Gavriil de la Dumnezeu, într-o cetate din Galileea, al cărei nume era Nazaret, către o fecioară logodită cu un bărbat care se chema Iosif, din casa lui David; iar numele fecioarei era Maria. Și intrând îngerul la ea, a zis: Bucură-te, ceea ce ești plină de har, Domnul este cu tine. Binecuvântată ești tu între femei. Iar ea, văzându-l, s-a tulburat de cuvântul lui și cugeta în sine: Ce fel de închinăciune poate să fie aceasta? Și îngerul i-a zis: Nu te teme, Marie, căci ai aflat har la Dumnezeu. Și iată vei lua în pântece și vei naște fiu și vei chema numele Lui Iisus. Acesta va fi mare și Fiul Celui Preaînalt se va chema și Domnul

Dumnezeu Îi va da Lui tronul lui David, părintele Său. Și va împărăți peste casa lui Iacov în veci și împărăția Lui nu va avea sfârșit. Și a zis Maria către înger: Cum va fi aceasta, de vreme ce eu nu știu de bărbat? Și răspunzând, îngerul i-a zis: Duhul Sfânt Se va pogorî peste tine și puterea Celui Preaînalt te va umbri; pentru aceea și Sfântul care Se va naște din tine, Fiul lui Dumnezeu se va chema (...). Și a zis Maria: Iată roaba Domnului. Fie mie după cuvântul tău! Și îngerul a plecat de la ea" (*Lc.* 1, 26-38).

Din istorisirea Evanghelistului Luca reiese că: a) Mariam, logodnica lui Iosif, petrecea în casa lui Iosif ca fecioară; b) este cuprinsă de mirare gândindu-se la chipul împlinirii cuvintelor îngerului, ca una ce nu cunoscuse și nici nu urma să cunoască bărbat; căci, dacă ar fi urmat să se căsătorească cu Iosif, ar fi fost foarte firesc, în urma logodnei cu el, să presupună că îngerul i-a vorbit despre copilul care avea să fie zămislit în urma acestei căsătorii; dar nu s-a abătut asupra ei un asemenea gând deoarece era afierosită lui Dumnezeu; c) vestea adusă de înger, anume că a aflat har înaintea lui Dumnezeu, vădește că a fost aleasă spre a deveni și a fi Maică a lui Dumnezeu; pricină din care și este binecuvântată între femei.

Cum s-ar putea presupune că Fecioara, afierosită lui Dumnezeu, care a aflat har la El spre a deveni Maica Cuvântului lui Dumnezeu, cea binecuvântată între femei, ajunsă biserică însuflețită a Mântuitorului, ar fi în stare să părăsească slava dumnezeiască și chiar pe Însuși dumnezeiescul ei Fiu, spre a deveni mama fiilor unui bărbat și a-și împărți iubirea și grija datorate Pruncului ei dumnezeiesc cu alți prunci? Cei cu astfel de gânduri nesocotesc întru totul ce înseamnă iubirea care i-a rănit inima din dragoste dumnezeiască, mai ales când e vorba de o fiică ajunsă Maică a lui Dumnezeu.

Evanghelistul Matei prin istorisirea nașterii Mântuitorului ne spune că îngerul Domnului i s-a arătat lui Iosif și i-a făcut cunoscută zămislirea Fecioarei Maria de la Duhul Sfânt; toate s-au făcut ca să se împlinească ceea ce s-a zis de Domnul prin prorocul: „Iată, Fecioara va avea în pântece și va naște Fiu și vor chema numele lui Emanuel, care se tâlcuiește: Cu noi este Dumnezeu". Să luăm aminte că îngerul, deși o numește pe Maria femeia lui Iosif, totuși învederează faptul că era fecioară.

Cu toate că cele mai sus afirmate privitoare la pururea fecioria Născătoarei de Dumnezeu sunt foarte clare, unii, înțelegând greșit cuvintele evanghelistului rostite aici spre a arăta că Fiul Unul-Născut al Fecioarei S-a născut și zămislit de către Fecioară, susțin că după dumnezeiasca sa naștere ea a născut și alți prunci, trăgând concluzia aceasta din pericopa evanghelică: „și a luat la el pe logodnica sa și n-a cunoscut-o pe ea până ce a născut pe Fiul său Cel Unul-Născut". Numai că cei ce trag asemenea concluzie ignoră că în *Scriptură* „până ce (ἕως οὗ)" și „Unul-Născut (πρωτότοκος)" exprimă sensuri foarte diferite de cele din limbajul comun.

Expresia „până ce (ἕως οὗ)", întâlnită în *Sfânta Scriptură*, are sensul de

„peren, veșnic", după cum și Hrisostom arată: „Să nu ne îndoim și să credem că «până ce (ἕως οὗ)» sugerează că mai apoi a cunoscut; că *Scriptura* acordă, de obicei, acestei expresii adeseori sensul de «veșnic, peren», ca atunci când spune «corbul nu s-a mai întors până ce a secat apa de pe pământ» (*Fac.* 8, 7), însă corbul nu s-a mai întors niciodată pe corabie". Și Isidor: „Expresia «până ce (ἕως οὗ)» din «până ce voi pune pe vrăjmașii Tăi așternut picioarelor Tale» (*Ps.* 109, 1), din «până ce voi atinge adânci bătrâneți, Eu sunt [Dumnezeu]» și din «porumbelul nu s-a mai întors la Noe până ce s-a scurs apa» se percepe în sens peren, veșnic. Se poate, de altfel, ca versetul să se înțeleagă și așa: «Nu a cunoscut că a zămislit 'până ce' a născut» și a văzut semnele petrecute".

La fel și termenul „Întâi-Născut (πρωτότοκος)" are în *Scriptură* un alt înțeles. Zice Zigaben: „Termenul «πρωτότοκος» nu are aici sensul de «primul dintre mai mulți frați», ci de «primul și singurul», ca sensuri ale termenului «πρωτότοκος». Că atunci când *Scriptura* se referă la ideea de unic, folosește termenul «primul (πρῶτος)». Precum în cazurile «Eu sunt Dumnezeul Cel dintâi (Θεός πρῶτος) (...) și nu este alt dumnezeu afară de Mine» (*Is*. 44, 6)". Iar Vasile cel Mare în *Cuvântarea la Nașterea lui Hristos* ne lămurește: „Cuvântul «Întâi-Născut (πρωτότοκος)» nu presupune existența unor nașteri ulterioare [din aceeași mamă], ci primul [prunc] care deschide pântecele este numit Întâi-Născut". Și Teofilact în capitolul al II-lea al Evangheliei după Luca zice: „L-a numit pe Domnul Fiul Întâi-Născut al Fecioarei, după cum e și firesc, chiar dacă ea n-a mai născut un al doilea fiu; Întâi-Născut e numit primul născut, chiar dacă [Fecioara] nu a născut și un al doilea fiu." Același, în tâlcuirea capitolului I din *Epistola către Coloseni*: „Cuvântul «Întâi-Născut (πρωτότοκος)» nu e folosit în *Scriptură* în raport cu cei născuți după el, ci pur și simplu «Întâi-Născut» înseamnă «primul-născut». La fel și Născătoarea de Dumnezeu Maria a născut după trup pe «Întâiul-Născut», Care nu a avut nicidecum alți frați mai apoi; căci și din aceasta El a fost Unul-născut".

Pavel în *Epistola către Romani* (8, 29) numește pe Hristos „întâi născut între mulți frați"; și în *Epistola către Coloseni* (1, 15), „întâiul născut înainte de toată făptura": „Acesta este chipul lui Dumnezeu Celui nevăzut, Întâiul-Născut înainte de toată făptura. Pentru că întru El au fost făcute toate"; iar în versetul 18 adaugă: „Și El este capul trupului, al Bisericii; El este începutul, întâiul născut din morți". În *Epistola către Evrei* 1, 5-6: „«Fiul Meu ești Tu, Eu astăzi Te-am născut»; și iarăși: «Eu Îi voi fi Lui Tată și El Îmi va fi Mie Fiu». Și, când aduce în lume pe Cel întâi născut, El zice: «Și să se închine Lui toți îngerii lui Dumnezeu»"; iar în cap. 12, 23 numește Biserica: „Biserica celor întâi născuți".

Din versetele acestea reiese că în *Sfânta Scriptură* ori de câte ori termenul „Întâiul-Născut" se referă la Mântuitorul nostru Iisus Hristos exprimă sensul de „Unul-Născut"; astfel „Întâiul-Născut" are sensul de „Unul-Născut".

Teofilact lămurește foarte bine aceasta: „Din Tată e Întâi-Născut, dar nu ca celelalte făpturi, ci în chip absolut; cât privește nașterea de Sus este și Unul-Născut" (p. 346). După Vasile cel Mare: „Dacă e numit «Întâi-Născut din morți» în virtutea faptului că El e pricina învierii din morți, la fel, și «Întâiul-Născut înainte de toată făptura» în virtutea faptului că e pricina care a adus din neființă la ființă zidirea" (*Împotriva eunomienilor*). Eunomienii, tăgăduind pururea fecioria Născătoarei de Dumnezeu, și adepții lor de astăzi aduc ca pe o a doua obiecție versetele din evangheliști, unde sunt amintiți frații lui Iisus (*Mt*. 12, 46-48; *Mc*. 6, 3; *In*. 2, 17; 7, 3), însă de aici nu reiese în nici un fel că acești „frați" ai Săi au fost copiii Preasfintei Fecioare Maria. În *Sfintele Scripturi* și rudele sunt numite „frați". De pildă, Avraam și Lot au fost numiți frați (*Fac*. 13, 8), deși Lot a fost nepotul lui Avraam (*Fac*. 12, 4-5; 14, 14-16). Iacov și Laban au fost numiți, de asemenea, frați, deși Iacov era nepotul lui Laban, ca fiu al surorii Rebecăi, soția lui Isaac

(*Fac.* 28-29; 36-37). În acest sens trebuie, de asemenea, să fie înțeleasă și expresia de „frați ai Domnului", adică de rude apropiate, și nu de frați din aceeași mamă. Fiindcă așa-numiții „frați ai Domnului" sunt copiii lui Iosif cu prima sa soție.

Că Născătoarea de Dumnezeu a născut negrăit doar pe Iisus o mărturisesc:

a) Cuvintele Mântuitorului de pe Cruce, adresate Macii Sale și lui Ioan, prin care o înfățișează pe Maica Sa drept mamă a lui Ioan, iar pe Ioan îl înfățișează Maicii Sale ca fiu al ei (*In.* 19, 26). Dacă Maica lui Iisus ar fi avut și alți copii, acest gest ar fi fost cu totul inutil: copiii ei i-ar fi purtat de grijă.

b) Tradiția străveche a pururea fecioriei Maicii Domnului adeverește acest lucru.

c) Condamnarea eunomienilor și a tuturor celorlalți eretici care tăgăduiau pururea fecioria Preasfintei Născătoare de Dumnezeu și Pururea fecioarei Maria de către Sfintele Sinoade Ecumenice, fapt ce arată cugetul unitar al Bisericii celei Una, Sfântă,

Sobornicească și Apostolică privitor la purureafecioria Născătoarei de Dumnezeu.

Dogma privitoare la purureafecioria Preasfintei Născătoare de Dumnezeu se sprijină pe fundamentul neclintit al primelor secole creștine și e mărturisită de cei mai vechi Părinți ai Bisericii.

Ignatie Teoforul, Părintele Apostolic, ucenicul Apostolului Ioan și temelia Bisericii Antiohiei, în *Epistola către Efeseni* o numește pe Născătoarea de Dumnezeu „Fecioara Maria". Și adaugă: „Trei lucruri i-au rămas ascunse stăpânului acestei lumi, adică diavolului: fecioria Mariei, nașterea ei și moartea Domnului". „Acesta a fost zămislit, după planul iconomiei dumnezeiești, din Maria, din sământa lui David și de la Duhul Sfânt (...). Așa că trei lucruri i-au rămas ascunse stăpânului acestei lumi, adică diavolului: fecioria Mariei, nașterea ei și moartea Domnului". Prin urmare, Născătoarea de Dumnezeu Maria a născut într-un chip mai presus de fire și fecioară, cum era, a rămas și după naștere. Acest dumnezeiesc Părinte numește nașterea aceasta „taină", adăugând la cele afirmate: „Trei taine care strigau asurzitor, dar care s-au săvârșit în liniște și ni s-au descoperit nouă".

La începuturile secolului al II-lea și Irineu, episcopul de Lyon, combătând pe Theodotíon, Aquila ș.a., care luptau împotriva fecioriei Maicii Domnului, propovăduiește în chip absolut pe Născătoarea de Dumnezeu Maria Fecioară: „Așa cum aceea (Eva), deși îl avea pe Adam, era încă fecioară (...), după ce a săvârșit neascultarea, a ajuns pricina atât a morții sale, cât și a întreg neamului omenesc, tot așa și Maria, deși avea un bărbat dinainte rânduit, fecioară fiind și făcând ascultare, a ajuns pricina atât a mântuirii sale, cât și a întreg neamului omenesc". Și tot el: „Ceea ce a legat fecioara Eva prin necredință, a dezlegat Fecioara Maria prin credință". Iarăși: „Așa cum aceea (Eva) pentru cuvântul îngerului s-a dat înapoi, spre a fugi de Dumnezeu, ca una ce I-a încălcat cuvântul, tot așa și aceasta (Maria), aducându-i-se vestea cea bună prin cuvântul evanghelic, a ajuns chiar să-L poarte în brațele ei pe Dumnezeu, întrucât s-a făcut ascultătoare cuvântului Său. Aceea s-a arătat neascultătoare lui Dumnezeu, aceasta s-a silit pe sine să facă ascultare de El, astfel încât Fecioara Maria a ajuns apărătoarea fecioarei Eva" (*Adver. Haeres.* III, c. 21 § 4 și V, c. 19).

La fel spune și Origen: „Această Fecioară pe Dumnezeu a născut și Maică a ajuns, dar fecioria n-a lepădat" (Omilia I la Matei).

Sfântul Epifanie (Erezia 78) propovăduiește: „Cine vreodată rostind «Maria» sau întrebat fiind [privitor la ea] n-a adăugat [numelui ei și cuvântul] «Fecioara»?". Iar Ieronim care a trăit la mijlocul secolului al IV-lea scrie împotriva ereticului Pelagiu: „Numai Hristos a deschis porțile pântecelui celui fecioresc, care au rămas închise pe mai departe" (Dialogul al II-lea).

Fericitul Augustin, tot pe la mijlocul secolului al IV-lea, învăța: „Maria preînchipuie în sine Sfânta Biserică; că așa cum, născându-L pe Fiul, a rămas Fecioară, în același fel naște în toată vremea pe mădularele sale și fecioria nu și-o pierde" (*De symbol. ad catech.*, IV, 1). Și în *Despre feciorie* (cap. 4) același afirmă: „Fecioria Mariei e cu atât mai neprețuită și plină de har, cu cât este afierosită lui Dumnezeu de Fecioara însăși înainte de însăși nașterea lui Hristos. Și aceasta e vădit de cuvintele ei față de îngerul care i-a vestit zămislirea: «Cum va fi aceasta, de vreme ce eu nu știu de bărbat?» (*Lc.* 1, 34). Firește, Fecioara n-ar fi vorbit astfel dacă nu I-ar fi făgăduit lui Dumnezeu o dată pentru totdeauna să rămână așa. Dar pentru că acest lucru era împotriva obiceiurilor iudaice, a fost logodită cu un bărbat drept, care avea datoria nu numai de a o cinsti, ci și de a face orice îi stă în putință ca tot ce ea a afierosit lui Dumnezeu să se bucure de respectul celorlalți".

Tertulian observă: „În Fecioară, adică în Eva [cea nouă], a intrat cuvântul de viață făcător, astfel că ceea ce s-a pierdut din pricina neamului ei (femeiesc) să se restaureze mulțumită aceluiași neam" (*De carne Christi*, 17).

Vasile, descoperitorul Tainelor cerești, o socotește pe Născătoarea de Dumnezeu nu doar fecioară, ci purureafecioară, în *Cuvântarea la Nașterea Domnului*: „Născătoarea de Dumnezeu n-a încetat nici o clipă să fie fecioară", lămurind foarte convingător că nicicând nu va fi cu putință ca urechile iubitorilor de Hristos să dea ascultare lucrurilor care tăgăduiesc aceasta: „Aduc aceste mărturii cu totul îndeajuns, pentru ca gândul, părerea că Născătoarea de Dumnezeu a încetat oarecând să fie fecioară să nu ajungă nici măcar la auzul iubitorilor de Hristos".

Și Ioan, cel cu limba de aur, în *Cuvântul la Bunavestire* (79), se adresează Fecioarei: „Ți-ai aflat un mire care să-ți păzească feciorія". În altă parte o numește pe Născătoarea de Dumnezeu „Stăpână sfântă și Purureafecioară" (*Omilia* LXII, tom. VI) și „Născătoarea de Dumnezeu și Purureafecioara Maria" (*Omilia* CXI, tom. V).

Chiril al Alexandriei o numește pe Fecioară „junincă ce n-a purtat jug". Sfântul Atanasie cel Mare zice despre Preasfânta Fecioară: „Căci Sfânta Fecioară așa cum este Născătoare de Dumnezeu e și Fecioară-Maică (*Παρθενομήτωρ*)" (vol. II, p. 34).

Dionisie Areopagitul în scrierea *Despre Ierarhia Cerească* (IV) o numește pe Preasfânta Fecioară „Maică dumnezeiască (*Θεομήτωρ*)".

Iar Grichentie în *Dialogul cu iudeul* o numește pe Maria „Pururea-copilă (*ἀείπαις*) și Născătoare de Dumnezeu". Chesarie în dialogul său (întrebarea XX) vorbește despre „Venirea teandrică a Cuvântului din Pururea-copila Maria". Tit de Bostra o numește „preanevinovată" pe cea cu adevărat „preanevinovată".

Biserica însăși în cele mai vechi ode imnografice o laudă pe Preasfânta Fecioară Maria ca Născătoare de Dumnezeu (*θεοτόκος, θεογεννήτρια*), Purureafecioară, Maică a lui Dumnezeu (*θεομήτωρ*), Fecioară-Maică, Maică ce n-a cunoscut nunta, Mireasă străină de nuntă, Maică-Fecioară, Purtătoare de lumină, Lăcaș însuflețit, Mireasă nenuntită, comoară a fecioriei, țarină nearată, cort ceresc. Am ales mai bine de o sută de nume în cinstea Născătoarei de Dumnezeu, ce exprimă cugetul Sfintei noastre Biserici privitor la pururea fecioria ei. Multe dintre ele se află în scrierile celor mai vechi dintre Părinții Bisericii.

De altfel, imnografia Sfintei noastre Biserici exprimă cugetul Bisericii sobornicești, care s-a impus din primele secole și s-a păstrat până în zilele noastre. Și acolo unde vorbește Biserica Ecumenică, să tacă toată limba pământească; că prin cuvântul Bisericii grăiește Duhul cel Sfânt al lui Dumnezeu; iar cel potrivnic Bisericii se împotrivește Duhului Sfânt.

Se împotrivesc, într-adevăr, Duhului Sfânt cei ce tăgăduiesc pururea fecioria Maicii Domnului, întrucât tăgăduiesc acest adevăr pe care Biserica prin intermediul Părinților purtători de Dumnezeu și al Sinoadelor Ecumenice din diferite locuri și timpuri l-a validat ca tradiție sfântă și apostolică, primită întotdeauna, pretutindeni, de toți creștinii drept-credincioși și ortodocși.

Însuși Sinodul I Ecumenic întrunit la Niceea propovăduiește strălucitor pururea fecioria Preasfintei Născătoare de Dumnezeu în însuși *Simbolul de Credință,* când afirmă despre Întruparea lui Hristos și dumnezeiasca Sa înomenire că s-au făcut „de la Duhul Sfânt și din Fecioara Maria". Proclamarea Feciorei Născătoarei de Dumnezeu de către un Sinod Ecumenic exprimă duhul Bisericii katholice (sobornicești) din perioada apostolică. Deloc neînsemnat este faptul că această dogmă a fost validată de Sinoade Ecumenice, locale și eparhiale ca o dogmă de credință inviolabilă.

În mod aparte Sinodul VI Ecumenic dezbate îndelung tema fecioriei și pururea fecioriei Născătoarei de Dumnezeu (în actul XI) și propovăduiește că Născătoarea de Dumnezeu este fecioară înainte de naștere, în naștere și după naștere. La fel și canonul I al aceluiași Sinod recunoaște că Născătoarea de Dumnezeu este fecioară, propovăduind un Singur Hristos, Fiul lui Dumnezeu, Care S-a întrupat, și pe cea care L-a născut fără sământă Pururea fecioară, Născătoare de Dumnezeu în sens propriu și după adevăr.

Sinodul Trulan o numește pe Maria „Fecioara cea neîntinată" (în canonul al LXXIX-lea).

Toate aceste mărturii ale Sfinților Părinți și ale Sinoadelor Ecumenice, care au păstrat nealterată Sfânta Tradiție apostolică, sunt îndeajuns spre a convinge și lămuri pe toți cei ce cred cu inimă curată în adevărurile Bisericii. Nu mai puțin important e faptul că autoritatea și adevărul Sinoadelor Ecumenice sunt acceptate nu doar de biserica apuseană, ci și de cea anglicană. Sprijinindu-se pe această autoritate, marii bărbați ai bisericii anglicane acceptă purureafecioria Născătoarei de Dumnezeu. Astfel, Nelson[1] afirmă: „Privilegiul incomparabil și cu totul extraordinar al acestei Maici, cinstea și închinarea deosebite aduse prin ea Fiului și datorate Lui, evlavia față de Acel Duh Sfânt Care a adumbrit-o, bunătatea fiască și cucernicia lui Iosif, căruia i s-a dat ca logodnică, au adus Bisericii lui Dumnezeu de-a lungul tuturor secolelor garanția și

[1] Robert Nelson, *A Companion for the Festivals and Fasts of the Church of England, with Collects and Prayers for Each Solemnity*, London, 1732, p. 172.

credința că Născătoarea de Dumnezeu și-a păstrat mereu fecioria. Prin urmare, și noi avem datoria de a o mărturisi pe Maria fecioară".

Iată ce susține și John Pearson: „Când cineva afirmă «Eu cred în Iisus Hristos, Carele S-a născut din Fecioara Maria», prin aceasta trebuie să înțelegem: «Eu dimpreună-mărturisesc ca pe un adevăr mai presus de îndoială și greșeală faptul că a existat o femeie pe nume Maria, femeia lui Iosif din Nazaret, care după ce s-a logodit a rămas fecioară curată și nepătată și în timp ce era și continua să petreacă în această feciorie, a zămislit în pântece prin lucrarea nemijlocită a Sfântului Duh pe Fiul Unul-Născut al lui Dumnezeu; și după timpul firesc femeilor, L-a născut pe Fiul ei Întâi-Născut, continuând să rămână singura Fecioară neîntinată și preacurată»".[1]

Astfel, prin Sfintele Sinoade, și prin Părinții cei de Dumnezeu purtători, și, în general, prin Tradiția biserices-

---

[1] *Cf.* Arsenie Pávdis, *Diatriba sub formă de scrisoare sau combatere a răspunsului lui K. Albert care susține purureafecioria Născătoarei de Dumnezeu Maria*, Kerkyra, 1850).

că apostolică, precum și prin mărturia bărbaților de alte confesiuni care se bucură de un prestigiu autentic, se confirmă și susține dogma temeinică și neclintită a Sfintei noastre Biserici, privitoare la purureafecioria Preacuratei și Preanevinovatei Maici a Domnului nostru.

Spre pecetluirea celor afirmate despre purureafecioria Preasfintei Maici a Domnului adăugăm și cuvintele minunate ale lui Fotie cel Mare, adresate lui Grigorie paracandidatul[1], care a cerut să i se dezlege câteva nelămuriri.

„Închinarea – de Sus; zămislirea – fără de sămânță; nașterea – negrăită; durerile nașterii – neîntâlnite; pecetea fecioriei – nimicirea durerilor (căci, nașterea fiind nestricăcioasă, cea care naște e fecioară și după naștere). Dumnezeu în trup este Cel Ce Se naște; corul îngerilor alcătuiește cântare minunii; când iau parte atât de mulți și însemnați, cine s-ar putea în-

[1] *Paracandidatul* era un ordin inferior din garda palatină a candidaților (*κανδιδᾶτος* – de la latinul *candidatus*), numiți astfel pentru tunicile albe (*candida*) cu care erau înveșmântați (*n. trad.*).

doi, chiar de-ar voi să se arate necredincios până la capăt, că Fecioara n-a fost fecioară și că n-a rămas până la sfârșit [fecioară]? Iar dacă unii fac din versetul «Și n-a cunoscut-o pe ea până ce a născut pe Fiul său Cel Unul-Născut» prilej de hulă, să știe că adevărul cuvintelor fără de prihană a voit să înfățișeze caracterul minunat, suprafiresc și mai presus de înțelegere, care e nașterea fără a ști de bărbat, lăsându-le pe cele ce-au urmat ca fiind de la sine înțelese. Că a fi fecioară în naștere și în restul vieții nu e ceva nici cu totul nou, nici paradoxal, ci pentru cei afierosiți dinainte[1] e mai degrabă necesar și firesc. De altfel, [evanghelistul] a știut să închidă gura plină de hulă a iudeilor care, din pricina desfrânării lor, batjocoreau nașterea fără de sămânță; drept aceea se ridică împotriva vrăjmășiei lor, propovăduind cu tărie faptul că Născătoarea [de Dumnezeu] a rămas neatinsă. Și să se înțeleagă și faptul că n-au voit să ia în seamă nici măcar cuvintele însele din

[1] *Scil.* din pântecele maicii lor, precum, de pildă, profetul Samuil (*n. trad.*).

care sunt alcătuite profețiile; căci dacă le-ar fi luat în seamă, ar fi știut că uneori «până ce (*ἕως οὗ*)» e folosit în raport cu timpul ce urmează a se scurge [de la un moment dat], iar alteori, spre a semnifica lucruri mărețe și de cuviință dumnezeiască; ca și acum, dar nu spre a se face distincție între un interval de timp și altul, ci, dimpotrivă, spre a semnifica un interval de timp nelimitat. Iată câteva exemple la îndemână: «Răsări-va în zilele lui dreptatea și mulțimea păcii, până ce se va nimici luna» (*Ps*. 71, 7 [*LXX*]), «Șezi de-a dreapta Mea (Cel Ce vorbește e Tatăl, Care Se adresează Fiului), până ce voi pune pe vrăjmașii Tăi așternut picioarelor Tale» (*Ps*. 109, 1), «Iată Eu cu voi sunt în toate zilele (Mântuitorul e Cel Ce le vorbește ucenicilor), până la sfârșitul veacului» (*Mt*. 28, 20). Este limpede din cele de aici că «până ce (*ἕως οὗ*)» nu introduce ideea de limită, hotar temporale, denotând totodată mărimea specifică lucrurilor dumnezeiești și ridicând mintea lectorilor la ideea de dăinuire nesfârșită în timp. Și nu doar atât, există și un al treilea sens care nu arată nimic aparte și neobișnuit, ci doar opusul sensului anterior, precum în [versetele] «porumbelul nu s-a mai întors la Noe până ce s-a scurs apa», «până ce voi atinge adânci bătrâneți (spune în altă parte), Eu sunt Dumnezeu» și în nenumărate alte locuri, din care reiese foarte clar, chiar și pentru cei ce se fac că nu aud, sensul de perpetuu și «în veac» al cuvântului [«până ce (*ἕως οὗ*)»].

După ce o să ne arate cei de-a pururi nerușinați că dreptatea lui Hristos și Dumnezeu Se va cufunda întru neființă, odată cu nimicirea lumii, cu micșorarea mulțimii păcii Sale și cu risipirea ei întru ură; după ce, bineînțeles, vrăjmașii Săi vor fi puși sub picioarele Lui și [Hristos] va fi îndepărtat de la dreapta scaunului Tatălui (aceasta-i hula zămislită de capetele lor!); după ce, la venirea sfârșitului, când apropierea de ucenici va fi mai mare, [Hristos] Se va îndepărta de ei; după ce, pentru că oamenii vor îmbătrâni, Dumnezeu nu va mai fi; iar dacă vrei, după ce apa se va fi scurs de pe pământ și porumbelul se va fi întors la Noe, atunci să se întrebe [nerușinații] dacă Fecioara, după o naștere negrăită și feciorelnică, a căutat la petrecerea cu bărbatul...

Iar dacă nu ți-aș fi scris la poruncă [și în grabă], cu voia lui Dumnezeu, ți-aș fi oferit mult mai multe argumente; dar și acestea sunt suficiente celor cărora puterea de cugetare nu li s-a pierdut din pricina ignoranței".

2.
Despre evlavia credincioșilor față de Preasfânta Stăpâna noastră de Dumnezeu Născătoarea și Pururea fecioara Maria și despre sfintele icoane și lăcașuri închinate ei

Născătoarea de Dumnezeu s-a bucurat de atâta evlavie, cinstire și dragoste din partea credincioșilor încât, imediat după Dumnezeu, i s-au oferit și ei închinare, cinstire și dragoste, dar nu și adorarea [cuvenită doar lui Dumnezeu]. Evlavia credincioșilor față de Născătoarea de Dumnezeu Maria se întâlnește încă din secolele I-II, fiind dictată de înseși *Sfintele Scripturi,* care îi pomenesc numele ca fiind plin de dar și de binecuvântare, socotind-o singura dintre toate femeile care a aflat har înaintea lui Dumnezeu. Însăși Născătoarea de Dumnezeu în duh profetic a vestit locul de care avea să se bucure între celelalte femei din toate generațiile: „Că iată, *de acum* mă vor ferici toate neamurile" (*Lc.* 1, 48). Într-adevăr, venerarea ei a început chiar din acel an. Cea dintâi care a fericit-o pe Născătoarea de Dumnezeu a fost Elisabeta care, umplându-se de Duh Sfânt, „cu glas mare a strigat și a zis: Binecuvântată ești tu între femei și binecuvântat este rodul pântecelui tău (...). Și fericită este aceea care a crezut că se vor împlini cele spuse ei de la Domnul" (*Lc.* 1, 42 și 45). Și celelalte femei de atunci, cu siguranță, văzând-o pe Fecioara, vor fi îmbrățișat Pruncul dumnezeiesc și o vor fi fericit. Evanghelistul Luca amintește de femeia din mulțime care și-a ridicat glasul și a fericit-o pe Maica ce L-a alăptat pe Domnul (*Lc.* 11, 27).

Din arheologia creștină aflăm că icoanele Născătoarei de Dumnezeu se zugrăveau și se cinsteau încă din secolele I și al II-lea. Și nu ar fi putut să fie altfel, de vreme ce Evanghelia însăși îndeamnă la aceasta și însăși Născătoarea de Dumnezeu a prezis că: *„Iată, de acum mă vor ferici toate nea-*

murile". Astfel, Născătoarea de Dumnezeu a fost cinstită și fericită de toate neamurile de la Bunavestire până astăzi și va fi fericită până la sfârșitul veacurilor. Cei ce nu cinstesc și fericesc pe Născătoarea de Dumnezeu se împotrivesc poruncilor răspicate ale *Evangheliei*; fiindcă întreaga *Evanghelie* e lege și încălcarea unui iota sau a unei cirte înseamnă încălcarea întregii legi.

Deja din secolul al III-lea evlavia față de Născătoarea de Dumnezeu era deosebit de mare. Imnografia creștină o laudă pe Fecioara și Născătoarea de Dumnezeu Maria ca Împărăteasa cerurilor și Stăpâna îngerilor. În aceeași epocă în diferite locuri, unde creștinii locuiau laolaltă cu păgânii, au apărut eterodocși care au ridicat cinstirea Născătoarei de Dumnezeu la gradul de adorare, aducându-i Fecioarei Maria o închinare asemenea celei datorate lui Dumnezeu, după felul în care păgânii își adorau zeitățile feminine. Ereticii aceștia s-au numit *Kollyridianoí,* după plăcinta sau turtișoara (κολλυρίς) pe care o aduceau ca jertfă pe un anume scăunel și pe care apoi o consumau (Epifanie, ereziile 78 și 79).

În epoca respectivă au apărut și cei aflați la polul opus acestora – așa-numiții *antidikomarianíți* – care nu suportau slava adusă Maicii Domnului și au mers până acolo cu îndărătnicia lor, încât au susținut că după nașterea Domnului Fecioara a viețuit cu un alt bărbat și a născut și alți prunci. Adepții zeloți ai acestei erezii sunt și *antidikomarianíții* din vremurile noastre, care tăgăduiesc purureafecioria Maicii Domnului și dreptul ei de a fi numită „Născătoarea de Dumnezeu".

Biserica a condamnat și osândit ereziile, exprimându-și foarte clar învățătura neîndoielnică și dreaptă în acord cu care suntem datori s-o cinstim pe Fiica purureafecioară ca Născătoare de Dumnezeu, dar fără a i ne închina ca lui Dumnezeu (Chiril al Alexandriei).

Ereziile așa-numiților *Kollyridianoí* și *antidikomarianíți*, apărute în secolul al III-lea, sunt abateri de la adevărata învățătură a Bisericii Sobornicești, aflate la mijloc, între aceste două erezii diametral opuse.

Epifanie al Salaminei afirmă în erezia 78, cap. 23: „Alţii, arătându-se necugetaţi cât priveşte pe însăşi Sfânta Purureafecioară, s-au silit şi se silesc să o aşeze în locul lui Dumnezeu, purtaţi fiind de un soi de smintire. Istorisesc, de altfel, că în Arabia nişte femei din părţile Thraciei au adus aiureala asta ca în numele Purureafecioarei să se coacă o turtişoară, să se adune cu toţii şi să încerce ceva, într-adevăr, necuvenit şi hulitor, ca în numele ei să fie adusă drept jertfă de către femei (preotese)". În erezia 78, cap. 1: „Erezia din Arabia, de asemeni, a fost adusă din Thracia şi din părţile de sus ale Sciţiei (...); nişte femei împodobesc un scăunel mai mic, pentru copii (de formă pătrată) şi întind pe el o pânză, într-o anumită zi a anului – pentru că în anumite zile aduc pâine înainte, făcând ofranda în numele Mariei; apoi se împărtăşesc cu toatele din pâinea respectivă".

Nu mai târziu de secolul al IV-lea evlavia şi respectul faţă de Maica Domnului se manifestau şi exterior, mai ales prin înălţarea de sfinte locașuri mărețe închinate numelui Maicii Domnului.

Născătoarea de Dumnezeu a fost, este și va fi pentru credincioși ocrotitoarea nebiruită și grabnica ajutorare și apărătoare. Pe ea o chemau în primejdii și necazuri, având-o strateg invincibil în războaie. Puterea sa de neînfrânt îi zdrobea pe vrăjmași și dumnezeiasca îndrăzneală de Maică la Fiul și Dumnezeul ei sporea îmbelșugat mila asupra credincioșilor.

Evlavia credincioșilor față de Maica lui Dumnezeu s-a arătat din anul în care Nestorie a fost condamnat în întreg statul roman prin sărbători mărețe și praznice duhovnicești, iar lăcașurile ridicate pretutindeni în numele Maicii lui Dumnezeu erau împodobite cu strălucire și se distingeau prin aleasă frumusețe. Evlavia statornicită în inimile credincioșilor față de Născătoarea de Dumnezeu și Pururea fecioara Maică a Domnului, odată cu vădirea ei drept Maică a Domnului, s-a păstrat nemicșorată de-a lungul tuturor veacurilor și va rămâne pentru credincioși neclintită în veacul veacului.

3.
Despre numele de „Născătoare de Dumnezeu"

Numele de „Născătoare de Dumnezeu (Θεοτόκος)" cu care ne adresăm Preasfintei Stăpânei noastre și Maicii Domnului nostru Iisus Hristos este singura denumire cuvenită acesteia. Cei ce resping numele de „Născătoare de Dumnezeu" susțin că „toți Părinții importanți ai Bisericii Răsăritene până la Epifanie, adică cca 400 de ani după Hristos, precum Policarp, Irineu, Iustin Martirul, Clement Alexandrinul, Hrisostom, Vasile, în scrierile lor autentice, referindu-se la numele Preasfintei, o numesc de cele mai multe ori Maria, Maica lui Hristos, Fecioara Maria *ș.a.m.d.*, dar niciodată «Născătoare de Dumnezeu»"; mai susțin că acest nume a ajuns foarte des folosit în urma întrunirii Sinodului III Ecumenic.

La acestea vom răspunde cu argumente din aceiași Părinți dumnezeiești și învățători ai Bisericii.

Maria este propovăduită „Născătoare de Dumnezeu" de către proroci în tot *Vechiul Testament*, unde se profețește și binevestește nașterea din Fecioară a lui Hristos; fiindcă aceasta a născut nu un om simplu, ci pe Dumnezeu Întrupat cu adevărat și în mod propriu; și cu această încredințare, mărturisesc, potrivit cu învățătura Bisericii Ortodoxe de Răsărit și, în general, cu toți luminătorii cei sfinți ai Bisericii, de la primul până la ultimul, care sunt de acord că Fecioara Maria este Maica lui Dumnezeu. Primul care atribuie Fecioarei numele de „Născătoare de Dumnezeu" este Origen (230 *d.Hr.*) care a numit-o „Născătoare de Dumnezeu", tâlcuind versetul 23 din capitolul 22 al cărții *Deuteronomului* (*LXX*): „O numește pe cea logodită «femeie»; la fel s-a spus cât privește pe Iosif și pe Născătoarea de Dumnezeu". Origen a fost condamnat pentru alte învățături greșite, nu și pentru numele „Născătoare de Dumnezeu" – ceea ce s-ar fi întâmplat dacă acesta ar fi fost un nume nou, și nu vechi. Și nu trebuie uitat că Origen a fost ucenic al lui Clement Alexandrinul (+ 180 *d.Hr.*) și inițiat în Biserică de el în această sfântă deprindere, cunoscută tuturor: motiv pentru care nu a fost condamnat.

Și Dionisie al Alexandriei îi scrie în 250 lui Pavel de Samosata: „Pe Cel Întrupat din Fecioara și *Născătoarea de Dumnezeu Maria*". Iar Grigorie al Neocezareii, Taumaturgul (în cuvântul său la Bunavestire), afirmă: „*Sfânta Născătoare de Dumnezeu* a înălțat așadar această odă profetică: «Mărește sufletul meu pe Domnul... *ș.a.m.d.*»". Sfântul Metodie, episcopul Patarelor (300-311), scriitor bisericesc, remarcă undeva: „Într-adevăr, luând *Născătoarea de Dumnezeu* de pe preacuratul și nepătatul ei jertfelnic Cărbunele Cel Întrupat, de viață făcător și inefabil, ca și cu un clește...". Altundeva: „Pe lângă acestea, vorbind plin de îndrăzneală dreptul și retrăgându-se, la îndemn, dinaintea Maicii Domnului (Θεομήτωρ) care a slujit lui Dumnezeu și oamenilor...". În altă parte: „Ce-ți voi zice ție, o, Maică Fecioară și Fecioară Maică? Mă voi adresa ție cu imnuri părintești, fiică a lui David și Maică a Domnului și Dumnezeului lui David..., o, ceea ce te-ai arătat mai înaltă decât toate neamurile și mai cinstită decât toate făpturile văzute și nevăzute, prin tine Domnul Dumnezeul Puterilor e cu noi. Ferice de tine, Maică a Domnului și roabă a Sa".

Alexandru al Alexandriei, succesorul lui Ahillás în 320, scriindu-i lui Alexandru al Constantinopolului cu ocazia Sinodului I Ecumenic, și Ámmon, Episcopul de Adrianopole, au numit-o pe Fecioară „Născătoare de Dumnezeu". Eusebiu Pamfil în 320 (*Viața lui Constantin* 43) scrie: „Drept aceea și împărăteasa cea atât de plină de credință în Dumnezeu (Elena) a împodobit cu zidiri minunate locul unde *Născătoarea de Dumnezeu* a dat naștere (adică Betleemul)". Același o numește pe Fecioară Maică a lui Dumnezeu: „Că e de trebuință să Se îngrijească Creatorul de lucrurile Sale; și fiindcă se amâna venirea

Sa în lume cu trup pământesc, de vreme ce nevoia o impunea, a pus la cale o nouă naștere-I, lipsită de zămislirile nunții, o naștere dintr-o fecioară curată și Maică a lui Dumnezeu, o fiică..." (*ibid.*, p. 162).

Atanasie cel Mare, luminătorul Alexandriei spunea în 330: „Același înger, arătându-i-se, mărturisește că a fost trimis de Stăpânul, și, precum el însuși a mărturisit, și atunci, cu Zaharia, cu Născătoarea de Dumnezeu Maria, a fost același înger Gavriil". Iarăși: „Scopul acesta și caracterul *Sfintei Scripturi*, după cum de multe ori am spus, sunt îndoite cât privește vestirea privitoare la Mântuitorul, în virtutea faptului că, fiind de-a pururi Dumnezeu, este și Fiu, fiind totodată și Logos, și Strălucire, și Înțelepciune ale Tatălui și că, luând apoi trup din *Fecioara și Născătoarea de Dumnezeu Maria*, S-a făcut om". Iarăși: „Susținem că, odată cu nașterea trupului Său din Născătoarea de Dumnezeu Maria, S-a născut și El, Cel Care dăruiește celorlalți venirea la ființă (...); iar Ioan, când Născătoarea de Dumnezeu Maria a glăsuit, a săltat întru veselie".

Iarăși: „Cât de mare nu e lauda, pe care ar trebui să i-o aducem, Sfintei Fecioare Maria, cea după chipul lui Dumnezeu?". „Drept aceea, Sfânta Maria este Fecioară-Maică (*παρθενομήτωρ*), așa cum e și Fecioară, și Născătoare de Dumnezeu" (Atanasie, *Cuvântul al treilea împotriva arienilor*, vol. I, pp. 563, 579, 583; vol. II, pp. 824, 875, 1271; vol. III, p. 1351 ș. *urm.*).

Și Grigorie Teologul în 370 (*Epistola către Klidonie*, vol. I, p. 738) scrie împotriva lui Apolinarie: „Dacă nu acceptă că Maria este Născătoare de Dumnezeu, atunci [Apolinarie] este străin de Dumnezeire". „Că unde-ai cunoscut în cele ale tale o Fecioară *Născătoare de Dumnezeu*?"; și în Cuvântarea a XXXV-a o numește pe Preasfânta „Născătoare de Dumnezeu Fecioară".

Ioan Hrisostom în 400 (Cuvânt la Sfânta Fecioară, vol. V, p. 876, Etoni) afirmă: „Nimic, așadar, din viața noastră nu e asemenea *Născătoarei de Dumnezeu* Maria; colindă, omule, întreaga zidire cu gândul și vezi dacă există ceva deopotrivă sau mai mare decât Fecioara *Născătoare de Dumnezeu*; cutreieră pământul în lung și-n lat, caută asupra mării, scrutează văzduhul, cercetează aerul, cerurile cu cugetul, gândește-te la toate puterile nevăzute și vezi dacă e o altă minune aidoma în toată zidirea". „...Nu o trece cu vederea Dumnezeu pe Debora, nu-l trece cu vederea Dumnezeu pe Israel; că o avem și noi pe Sfânta Fecioară și *Născătoarea de Dumnezeu* Maria, care mijlocește pentru noi: căci dacă o femeie oarecare a biruit, cu cât mai mult nu-i va rușina pe vrăjmașii adevărului Maica lui Hristos?" („Cuvânt despre faptul că profețiile e firesc să fie neclare"). „Dacă vor susține că Melchisedec este dintre cei cerești sau din nu știu ce alt ținut, să ia aminte că și el își pleacă genunchiul înaintea lui Hristos Celui Întrupat din *Născătoarea de Dumnezeu* Maria; că zice apostolul..." (*Despre Melchisedec*, vol. VI, p. 296). „Dumnezeu nu vede doar evlavia din ce în ce mai mare a iudeilor, ci și pe cea a credincioșilor; căci a știut că urma să iasă din Iudeea Sfânta

Născătoare de Dumnezeu Fecioară; vedea dinainte corul apostolilor, dinainte cunoștea despre tagmele mărturisitorilor, despre miriadele de iudei care aveau să creadă..." (*La cea de-a patra zi a facerii lumii*, vol. VI, p. 475).

Proclu, patriarh al Constantinopolului, ucenicul lui Ioan Hrisostom și Părinte dumnezeiesc al Bisericii remarcă: „Ne-a chemat aici pe noi Sfânta *Născătoare de Dumnezeu* și Fecioară Maria, odorul neîntinat al fecioriei, Raiul cel cuvântător al celui de-al doilea Adam, locul unde s-a măiestrit unirea firilor, prăznuirea mântuitorului negoț, cămara de nuntă a Logosului cu trupul, rugul însuflețit al firii omenești, fecioară și cer, singura punte dintre Dumnezeu și oameni, înfricoșătorul război unde s-a țesut negrăit, din iconomie dumnezeiască, hlamida unirii [firilor]..." (Encomion Născătoarei de Dumnezeu, 6).

Fericitul Augustin în 400 (*Cuvânt despre natură și har*, cap. 36) zice: „În afară de *Născătoarea de Dumnezeu*, cu toții am păcătuit, în acord cu spusa «Dacă zicem că păcat nu avem, (...)

adevărul nu este întru noi» (*I In*. 1, 8); numai *Născătoarea de Dumnezeu* a primit mult mai mult har".

Sfântul Teodoret mărturisește în 436 cu glas puternic, asemenea lui Stentor[1], că a o numi pe Maria *Născătoare de Dumnezeu* e tradiție și învățătură apostolică. „Propovăduitorii cei vechi și străvechi ai credinței ortodoxe au învățat, potrivit cu tradiția apostolică, care crede și numește pe Maica Domnului *Născătoare de Dumnezeu*" (*Epistola către Sporákios*, vol. IV, p. 639). Grigorie de Nyssa în *Cuvântul la Nașterea Domnului* (vol. III, p. 460) susține despre Maica Domnului, „Fecioara Maică a lui Dumnezeu (*Θεομήτωρ*)": „Cuvântul «Maică a lui Dumnezeu (*Θεομήτωρ*)» a intrat în uz după modelul cuvântului «părinte [strămoș] al lui Dumnezeu (*Θεοπάτωρ*)», atribuit profetului David de către imnografi și de cei mai vechi dintre Părinții Bisericii în virtutea originii după trup a Domnului nostru Iisus Hristos".

---

[1] Erou din războiul troian înzestrat cu o voce neobișnuit de puternică, cât a 50 de bărbați (*Iliada* V, 784-791) (*n. trad.*).

De asemenea, Sfântul Ioan Hrisostom (*Despre învățături mincinoase*, vol. VI, Paris, p. 478) afirmă: „«Părintele [strămoșul] lui Dumnezeu (*Θεοπάτωρ*)» a trudit mult pentru acestea". Iar Dionisie Areopagitul (epistola VIII, nr. 1, p. 778) se întreabă: „Ce face ca «părintele [strămoșul] lui Dumnezeu (*Θεοπάτωρ*)» să fie atât de drag lui Dumnezeu?".

Dacă profetul David e numit „părinte al lui Dumnezeu (*Θεοπάτωρ*)" ca strămoș al Fecioarei Maria, de ce să nu se numească și ea, care L-a născut pe Iisus Dumnezeu, „Maică a lui Dumnezeu (*Θεομήτωρ*)"? Iar dacă e numită „Maică a lui Dumnezeu (*Θεομήτωρ*)", de ce să nu fie numită și „Născătoare de Dumnezeu (*Θεοτόκος*)"? Dimpotrivă, dacă numele de „Maică a lui Dumnezeu (*Θεομήτωρ*)" și de „Născătoare de Dumnezeu (*Θεοτόκος*)" n-ar fi fost în uz în Biserică, nici unul dintre Părinții și scriitorii bisericești din primele secole n-ar fi folosit în propriile scrieri asemenea epitete deoarece ar fi avut de înfruntat dezaprobarea Bisericii. Biserica însă nu doar n-a înfierat, ci, la vremea cuvenită, a recunoscut numele sfânt de *Născătoare de Dumnezeu* atribuit Fecioarei la Sinodul III Ecumenic, unde a fost condamnat ereticul Nestorie, care o numise hulitor pe Fecioară „Născătoare de Hristos", socotind-o în chip propriu și adevărat „Născătoare de Dumnezeu (*Θεοτόκος*)". Așadar, în zadar noii dascăli nestorieni ai vremii noastre se ridică împotriva numelui de „Născătoare de Dumnezeu (*Θεοτόκος*)".

Hipolit, ucenic al lui Irineu, care a fost ucenic al lui Policarp, care, la rândul său, a fost ucenic al lui Ioan Evanghelistul nu se slujește de cuvântul „Născătoare de Dumnezeu (*Θεοτόκος*)", dar folosește alte cuvinte cu același înțeles, din care reiese mai limpede decât lumina soarelui că o socotea „Născătoare de Dumnezeu (*Θεοτόκος*)": „Spune-mi, o, Maria, ce a fost ceea ce s-a zămislit de tine, în pântecele tău, și ce a fost ceea ce ai purtat în pântecele tău fecioresc? Într-adevăr, a fost Logosul lui Dumnezeu Cel Întâi-Născut pogorât din cer la tine și om Întâi-Născut plăsmuit în pântece..." (*apud* Theodor, *Dialog*, vol. I, p. 27, Ed. Evghenie Voúlgaris).

Același zugrăvește minunat pururea feciorie: „Creatorul a toate S-a făcut om din *Preasfânta Pururea fecioară Maria*, unind cu firea [Sa dumnezeiască], fără schimbare, prin zămislire neprihănită, un suflet cugetător (noetic) și un trup simțitor, străin prin fire de răutate, fiind El Însuși cu totul Dumnezeu ..." (*Împotriva lui Výron și Ílix, PG* 10, 840).

Evlavia fără margini a Sfântului Hipolit față de Maica lui Dumnezeu, transmisă fiindu-i într-un fel anume printr-un drept moștenit prin intermediul Apostolului Ioan, Policarp și Irineu, se arată și din următoarele cuvinte ale sale: „Fiind de față în timp, Mântuitorul din Chivotul Fecioarei Și-a adus lumii însuși Trupul, aurit lăuntric cu aur curat, în afară cu Duh Sfânt, astfel că adevărul a fost primit, și chivotul s-a vădit" (*La Daniel, PG* 10, 648).

Preaînțeleptul Oikonómos, acceptând ca autentică Epistola care poartă numele Sfântului Dionisie al Alexandriei către Pavel de Samosata, în care este menționat numele „Născătoare de Dumnezeu", afirmă: „«Născătoare de Dumnezeu (Θεοτόκος)» – nume de Dumnezeu folosit, menționat și lămurit de Origen (născut în 186 d. Hr.) ca un termen obișnuit, dintotdeauna folosit în Biserică până la el". „Origen în vol. I al tâlcuirii la *Epistola către Romani* a Apostolului a explicat pe larg termenul «Născătoare de Dumnezeu (Θεοτόκος)»" (Socrate, *Istoria bisericească*, VII, 322). Se păstrează încă un cuvânt al lui Origen la *Deut*. 22, 23 (*LXX*): „O numește pe cea logodită «femeie»; dar el s-a exprimat la fel și cât îi privește pe Iosif și pe Născătoarea de Dumnezeu" (*La Octateuh*, p. 1554, Ed. Theof.). În omilia I la Matei 1: „«Maica Sa»: care «Sa»? A lui Dumnezeu Celui Unuia-Născut"; iarăși: „Aceeași Fecioară pe Dumnezeu a născut și maică a ajuns, dar feciοria n-a lepădat"; și „Această Fecioară Maria este Maica acestui Unuia-Născut Dumnezeu". Termenul „Născătoare de Dumnezeu (Θεοτόκος)" a fost folosit și de Grigorie Taumaturgul, în cuvintele panegirice închinate Bunăvestirii Fecioarei Maria, Născătoarea de Dumnezeu (*La Bunavestire*, cuvântul I și II, pp. 14, 18, Paris, 1632), de Dionisie cel Mare și Sfântul Metodie (în cuvântarea la [Dreptul] Simeon, unde afirmă că Maica lui Dumnezeu este și „Născătoare de Dumnezeu (*Θεογεννήτρια*)", de Atanasie cel Mare (în *Epistola către monahii din Egipt* și în multe alte locuri), care a numit-o pe Maica Domnului „Născătoare a Domnului (*Κυριοτόκος*)" (*Comentariu la Luca* în Calandii Bibiloth. Patr. T.V., p. 187); de Alexandru al Alexandriei (*Epistola către Alexandru al Constantinopolului*); de către Eusebiu Pamfil (*Viața lui Constantin*, III, 45), de Vasile cel Mare (Cuvântare la Nașterea Domnului); de Grigorie Teologul, care zice: „Dacă nu acceptă că Maria este Născătoare de Dumnezeu, atunci [Apolinarie] *este străin de Dumnezeire*" (Cuvântarea 41, p. 738; cf. 35, p. 554); de dumnezeiescul Hrisostom (*Cuvântare la Melchisedec*, vol. VI și vol. V, omilia 111, unde o numește și „Purureafecioară"); de Sfântul Epifanie (în multe locuri); de Grigorie de Nyssa (*Epistola către Ambrozie*; *cf.* vol. III, p. 660), de Chiril al Ierusalimului (cateheza I); și în codexul alexandrin, datat cca 380 d.Hr. (cântarea Născătoarei de Dumnezeu are titlul „Rugăciunea *Mariei, Născătoarea de Dumnezeu*" (vol. IV, Ed. Geabe). Născătoare de Dumnezeu au propovăduit-o Amfilohie de Iconiu și Sfântul Antioh, Ammon de Adrianopole și Severian, Teofil al Alexandriei și Attic al Constantinopolului (cf. Chiril al Alexandriei, vol. V, epistola către Acachie de Vérroia); Proclu al Constantinopolului (Cuvântare la Înomenire), Sfântul Teodoret (vol. IV, p. 667 *ș.urm.*), Fericitul Augustin, „Deipara virgo et casta perpetua (Născătoare de Dumnezeu, pururea fecioară și castă" (în *De tempore* și în alte locuri) și Fericitul Ieronim, care a numit-o „Maica lui Dumnezeu" (în *La Isaia* 8, 4 și în alte locuri).

Termenul „Născătoare de Dumnezeu (Θεοτόκος)" este cu slavă propovăduit în Biserică din secolul al II-lea pe temeiul tradiției și învățăturii apostolice, fiind mărturisit de toți creștinii. Astfel că și Iulian Apostatul își ieșea din minți, zicând: „Voi nu încetați s-o numiți pe Maria «Născătoare de Dumnezeu (Θεοτόκος)»" (Chiril, *Împotriva lui Iulian*, VIII, p. 262). Apoi când și Nestorie a fost cuprins de turbare, s-a reunit Sinodul III Ecumenic în 430 unde s-a rânduit sinodal că „Pe Purureafecioara și Maica Domnului trebuie să o lăudăm în chip propriu și adevărat ca «*Născătoare de Dumnezeu* (Θεοτόκος)»". Atunci a strălucit Chiril al Alexandriei, propovăduitorul cu glas mare al *Născătoarei de Dumnezeu* (Θεοτόκος), alături de alți Părinți sfinți care, asemenea tuturor celorlalți care au urmat la Sinoadele Ecumenice IV, V, VI și VII, slăvesc numele *Născătoarei de Dumnezeu* (Θεοτόκος). Aceasta, chipurile, le-a scăpat celor care formulau îndoieli privitor la autenticitatea epistolei lui Dionisie către Pavel de Samosata[1] din pricina unor vorbe goale, cum că între cei prezenți la Sinodul III, când pentru prima dată s-a consacrat numele de *Născătoare de*

[1] Ereziarh, precursor al lui Arie (sec. III).

Dumnezeu (Θεοτόκος), se face referire la mulți care au trăit după Dionisie (*Despre cei LXX de tălmăcitori ai Vechiului Testament*, vol. IV, Athena, 1849, pp. 491-493; *cf. ibid.*, pp. 69 și 692; *cf.* Filaret, Arhiepiscop de Cernigov, *Despre Părinții Bisericii*, trad. în limba neoelenă de Neofit Paghídas, vol. I, Ierusalim, 1885, pp. 242-5).

Odă Preasfintei Născătoare de Dumnezeu

Bucură-te, Născătoare de Dumnezeu Fecioară, bucură-te ceea ce ești plină de har, Domnul este cu tine; bucură-te, ceea ce ai primit închinarea îngerului; bucură-te, ceea ce te-ai învrednicit a ajunge Maica lui Dumnezeu.

Tu ești, de Dumnezeu Născătoare, începutul mântuirii noastre.

Tu ești, Maică a lui Dumnezeu, a vieții noastre hrănitoare.

Tu ești, Fiică Pururea fecioară, veselia a toate neamurile.

Tu ești, Fecioară-Maică, piatra ce i-ai adăpat pe cei de viață însetați.

Tu ești, Maică neștiutoare de nuntă, hrana următoare manei.

Tu ești, Mireasă nenuntită, slujitoarea sfintei hrane.

Tu ești, de viață născătoare, masa însuflețită care-ai încăput pâinea vieții.

Tu ești, Născătoare de Prunc frumos, izvorul cel nesecat, ce-ai izvorât apa cea vie.

Tu ești, Maică-Fecioară, țarina nearată ce-ai odrăslit spicul cel dumnezeiesc.

Tu ești, preanevinovată Mireasă, crinul cel dulce-mirositor care-i umple de miresme pe credincioși.

Tu ești, Fiică atotnepângărită, sceptrul Ortodoxiei.

Tu ești, curată Fecioară, turnul neclintit al Bisericii.

Tu ești, Stăpână a lumii, căruța preasfântă a Celui Ce stă pe heruvimi.

Tu ești, a îngerilor Împărăteasă, casa preaaleasă a Celui Ce stă pe serafimi.

Tu ești, Fecioară dumnezeiască-Mireasă, palatul însuflețit al Împăratului a toate.

Tu ești, Mireasă nenuntită, locul atotlarg al Celui Neîncăput.

Tu ești, Măreață-naștere (*μεγαλοτόκος*), cea care negrăit L-ai născut pe Dumnezeu.

Tu ești, Născătoare de Dumnezeu, cea care L-ai încăput pe Cel Neîncăput în pântecele tău.

Tu eşti, curată Fecioară, lăcaşul cel nestricat.

Tu eşti, Mireasă neîncercată de nuntă, lăcaşul cel însufleţit al lui Dumnezeu.

Tu eşti, Fiică atotsfioasă, casa deopotrivă la cinste cu cerul şi pământul.

Tu eşti sălaşul cel prealarg al firii celei neîncăpute.

Tu eşti, Fiică neîntinată, mânecarea luminoasă ce aduci pe Soarele dreptăţii.

Tu eşti, binecuvântată Fecioară, sălaşul luminii, de unde răsari lumină lumii.

Tu eşti, preanevinovată Mireasă, zorii zilei de taină.

Tu eşti, Fiică nepătată, raza strălucirii neapuse.

Tu eşti, Fecioară neprihănită, a lui Hristos după trup Maică.

Tu eşti, Fiică nestricăcioasă, cea care ai născut adevărat şi de netăgăduit pe Dumnezeu-Cuvântul Cel Întrupat.

Tu eşti, curată Fecioară, cea care L-ai purtat la piept ca pe un Prunc pe Dumnezeu-Cuvântul.

Tu eşti, preacurată Stăpână, hrănitoarea tuturor asemenea mării-mame.

Tu ești odorul de cinste al lumii întregi.

Tu ești tomul în care S-a scris Cuvântul Tatălui cu deget dumnezeiesc.

Tu ești vasul veseliei cerești.

Tu ești călăuza cumpătării credincioșilor.

Tu ești grădina miresmei celei bune.

Tu ești Raiul nestricăciunii.

Tu ești cheia Împărăției cerurilor.

Tu ești corabia celor ce au trebuință de mântuire.

Tu ești vistieria proniei lui Dumnezeu.

Tu ești vasul înțelepciunii Domnului.

Tu ești veșmânt al Luminii.

Tu ești căminul virtuții.

Tu ești lauda fecioarelor.

Tu ești frumusețea maicilor.

Tu ești comoara nevinovăției.

Tu ești cununa înfrânării.

Tu ești floarea nestricăciunii.

Tu ești stâlpul fecioriei.

Tu ești poarta mântuirii.

Tu ești începătoarea replăsmuirii nematerialnice.

Tu ești dătătoarea bunătății dumnezeiești.

Tu ești sprijinul cel tare al credinței.

Tu ești gura fără de tăcere a apostolilor.

Tu ești curajul neînfrânt al purtătorilor de biruință.

Tu ești tămâia primită a solirii.

Tu ești ispășirea întregii lumi.

Tu ești bunăvoința lui Dumnezeu față de muritori.

Tu ești îndrăznirea celor muritori către Domnul.

Pe tine, Născătoare de Dumnezeu Pururea fecioară, bunătatea lui Dumnezeu te-a hărăzit Maică a mântuirii.

Pe tine te-au propovăduit dinainte de veci drept Fecioară și Mireasă a lui Dumnezeu.

Tu ești norul cu totul de lumină, ce ai acoperit pe poporul lui Dumnezeu.

Tu ești columna de foc, care l-ai luminat pe noul Israel.

Tu ești cortul mărturiei, pe care dumnezeirea l-a adumbrit.

Tu ești chivotul Legământului, în care a petrecut cuvântul lui Dumnezeu.

Tu ești toiagul lui Aaron, ce a odrăslit floarea Hristos.

Tu ești năstrapa ce a încăput mana cerească.

Tu ești scara lui Iacov pe care S-a pogorât Dumnezeu.

Tu ești lâna înrourată pe care Ghedeon a văzut-o oarecând.

Tu ești muntele netăiat din care negrăit s-a luat piatra cea din capul unghiului – Hristos.

Tu ești marea care-ai afundat pe Faraon cel cu mintea înțeles.

Pe tine Isaia te-a prevestit Fecioară și Maică a lui Emanuel.

Pe tine Iezechiel te-a numit odinioară poarta pecetluită prin care Dumnezeu intră.

Tu ești cleștele de taină ce-a prins pe cărbunele Hristos.

Tu ești, fiică a lui Dumnezeu mireasă, Mireasa nenuntită care te-ai învrednicit a ajunge Maica lui Hristos Dumnezeu.

Despre minunea Arhanghelului Gavriil din Sfântul Munte Athos, adică despre imnul îngeresc „Cuvine-se cu adevărat"

În anul 980, în timpul împăraților Porfirogeneți frați Vasile și Constantin, fiii lui Roman și Zoe, în vremea patriarhului Nicolae Hrysovérghis s-a petrecut următoarea minune în Sfântul Munte.

La schitul Protaton, aflat în Kareea, într-un loc ce aparține mănăstirii Pantocrator, în apropierea căruia se află o adâncitură destul de mare, se duraseră mai multe chilii; într-una dintre ele, ridicată în cinstea Stăpânei Născătoare de Dumnezeu, viețuia un bătrân ieromonah sporit dimpreună cu ucenicul său. Plecă bătrânul, după obicei, la privegherea de duminică de la Protaton, sfântul locaș al schitului, și-l lăsă la chilie pe ucenic cu porunca de a priveghea și a se ruga. Târziu în noapte cineva bătu la ușa chiliei, pe care monahul în grabă a deschis-o. Cel ce bătuse era un monah străin, necunoscut lui. Acela intră și rămase peste noapte în chilie, iar la vremea Utreniei s-au trezit amândoi și au cântat slujba rânduită; dar când au ajuns la oda a noua și s-au apucat să cânte străvechiul imn „Ceea ce ești mai cinstită decât heruvimii *ș.a.m.d.*", monahul străin începu imnul diferit: „Cuvine-se cu adevărat să te fericim pe tine, Născătoare de Dumnezeu, cea pururea fericită și preanevinovată și Maica Dumnezeului nostru", adăugând apoi și imnul străvechi „Ceea ce ești mai cinstită decât heruvimii și mai mărită fără de asemănare decât serafimii, care fără stricăciune pe Dumnezeu-Cuvântul ai născut, pe tine, cea cu adevărat Născătoare de Dumnezeu, te mărim". Ucenicul, minunându-se, îi spuse necunoscutului monah: „Noi cântăm imnul acesta începând de la «Ceea ce ești mai cinstită», în timp ce nimeni n-a cântat vreodată «Cuvine-se cu adevărat»; scrie-mi, te rog, imnul acesta, ca să o laud și eu pe Născătoarea de Dumnezeu cântându-i-l". Plin de bunăvoință, monahul străin i-a cerut hârtie spre a-l scrie; dar întrucât nu avea, i-a adus o tăbliță de piatră pe care a scris, ca și când ar fi fost de argilă moale, cu degetul imnul și, înapoindu-i tăblița, i-a poruncit să fie cântat de toți în cinstea Născătoarei de Dumnezeu; iar cu acestea se făcu nevăzut. Atunci monahul a înțeles că străinul acela fusese un înger al Domnului, care i s-a arătat cu voia lui Dumnezeu. După puțin, când s-a întors și bătrânul de la priveghere, ucenicul i-a adus la cunoștință cele petrecute și i-a cântat imnul, arătându-i-l întipărit pe tăblița de piatră. Plin de mirare și nedumerire, a luat tăblița și a plecat în grabă împreună cu ucenicul la Protaton, dând de veste părinților la sinaxa de obște cele petrecute și arătându-le tăblița pe care îngerul însemnase imnul. Aflând cele întâmplate și despre arătarea îngerului, le-au dat crezare și au adus slavă lui Dumnezeu, mulțumindu-i Stăpânei Născătoare de Dumnezeu pentru descoperirea făcută și, lăudând-o după porunca dată de înger, au rânduit ca de atunci imnul închinat Născătoarei de Dumnezeu să se cânte în felul în care le-a fost arătat de înger. Comunitatea Sfântului Munte a trimis la Constantinopol patriarhului și împăratului tăblița, vestindu-le cele petrecute.

De atunci imnul acesta îngeresc s-a răspândit în toată Biserica Ortodoxă și se cântă în cinstea Născătoarei de Dumnezeu de toată obștea ortodoxă.

Sfânta icoană a Născătoarei de Dumnezeu înaintea căreia s-a rostit imnul de către înger a fost mutată de părinții de la chilia respectivă în sfântul lăcaș al Protatonului, unde se află până astăzi așezată pe tronul arhieresc din Sfântul Altar. Chilia a primit numele pe care-l poartă și astăzi: „Axion estin (Cuvine-se cu adevărat)", iar locul în care se află, „*Ádein* (*Ἄδειν*)" – „a cânta".

Se pare că acestea s-au petrecut în luna iunie pentru că istorisirea se află în *Mineiul* pe luna iunie: „În această zi, soborul Arhanghelului Gavriil în «*Ádein* (*Ἄδειν*)»", de unde se vădește că părinții din Sfântul Munte au rânduit, în cinstea îngerului ce s-a arătat, să se facă pomenirea minunii, astfel încât să se săvârșească sobor în ziua arătării îngerului și să se aducă laudă îngerului; aceasta se petrece în cinstea Arhanghelului Gavriil fie întrucât el este cel ce a binevestit Fecioarei zămislirea Fiului lui Dumnezeu, fie pentru că minunea e atribuită începătorului celor mai înalte cete ale oștirilor îngerești.

Soborul Arhanghelului Gavriil în «*Ádein* (*Ἄδειν*)»:

„Cântat-ai, Gavriil, și mai înainte Fecioarei «Bucură-te!»,

Cânți și acum: «Cuvine-se a te cânta».

În unsprezece ale lunii locașul sfințit în cinstea Maicii lui Dumnezeu

L-a primit pe sfințitul Gavriil în [locul numit] «*Ádein* (*Ἄδειν*)»".

Pentru rugăciunile Născătoarei de Dumnezeu, mântuiește-ne pe noi, Doamne!

DESPRE SFINȚII LUI DUMNEZEU[1]

[1] Text publicat în 1904.

1.
Despre slăvirea drepților pe pământ de către Dumnezeu și despre cinstirea lor de către Biserică

În răstimpul în care Judecătorul Suprem a socotit de cuviință să acorde drepților, odată cu sfârșitul lor, o oarecare „începătură" a slavei cuvenite în ceruri, adică în Biserica Triumfătoare, li se aduce slăvire și pe pământ, de către Biserica luptătoare. Această slăvire se vădește prin faptul că Biserica pământeană îi cinstește pe drepți ca pe prieteni ai lui Dumnezeu. Îi invocă în rugăciunile ei ca mijlocitori la El, cinstindu-le sfintele moaște și toate obiectele care le-au aparținut, deopotrivă și icoanele lor.

Biserica Ortodoxă îi cinstește nu ca pe niște dumnezei, ci ca pe niște robi credincioși, ca pe niște sfinți și prieteni ai lui Dumnezeu. Le laudă nevoințele și faptele săvârșite spre slava lui Dumnezeu prin lucrarea harului Său într-un fel în care toată cinstirea din partea Bisericii să fie îndreptată spre măreția Celui Preaînalt, Care a căutat cu mulțumire asupra viețuirii lor pământești. Biserica îi cinstește printr-o pomenire anuală, prin sărbători publice sau praznice, prin înălțarea de locașuri în cinstea numelor lor. Astfel trebuie înțeleasă cinstirea față de sfinți (*Mărturisirea credinței ortodoxe*, întrebarea 52 și *Epistolele Patriarhului*, răspunsul 3).

Oamenii sfinți ai lui Dumnezeu, vădiți de Domnul minunați pe pământ, adică „sfinții prin care Domnul a făcut minuni pe pământ" (*Ps*. 15, 3 [*LXX*][1]), au fost cinstiți de Sfânta lui Dumnezeu Biserică chiar de la începutul întemeierii ei de către Mântuitorul Hristos. Fiecare dintre comunitățile creștine din întreaga lume (*oikoumene*) a socotit de trebuință, totodată slava și lauda sa, să săvârșească an de an pomenirea celor ce s-au săvârșit în Hristos prin nevoințe și s-au învred-

[1] *LXX = Septuaginta.*

nicit de cununa muceniciei, pentru ca de foarte devreme și pentru totdeauna să ia sub ocrotirea ei amintirea faptelor lor. Această zi a sărbătoririi martirilor se numea „Ziua de naștere (*dies natalis*)" a martirilor, fiindcă în ziua respectivă au intrat încununați în viața veșnică, în ceruri, spre a trăi pururi întru Împărăția lui Dumnezeu. Pentru aceea de atunci, necurmat, începe așezarea lor în ceata sfinților bineplăcuți lui Dumnezeu, care au fost chemați la viața veșnică.

Cinstitele moaște ale Sfinților Martiri, socotite de comunitățile creștine mai scumpe decât pietrele nestemate, erau așezate în sfintele lor locașuri și păzite ca o comoară de preț; cu prilejul prăznuirii pomenirii nevoinței lor, creștinii rânduiau sărbători și praznice în cinstea biruitorului și mucenicului Domnului, făcându-se cunoscute (public) faptele martirilor, iar retorii comunităților creștine rosteau cuvinte panegirice și encomiastice.

Adeseori pe mormintele martirilor se înălțau sfinte lăcașuri – numite „martyria (μαρτύρια)" –, care primeau, drept cinstire, numele martirului; cu ocazia prăznuirii martirului se adunau dimpreună toți credincioșii la lăcașul său spre slava lui Dumnezeu și cinstirea mucenicului binecuvântat de Domnul (Hrisostom, *Cuvânt la Sfântul Martir Lucian*).

Creștinii se închinau la sfintele racle cu cinstitele moaște ale martirilor sărutându-le și luau untdelemn din candelă spre curățire și vindecare de boli (Grigorie de Nyssa, *Viața lui Grigorie Taumaturgul*; Hrisostom, *Cuvânt la Sfântul Martir Iulian*).

În afara sfintelor moaște, creștinii cinsteau pământul Sfântului Mormânt în care a fost așezat preasfântul trup al Domnului, mahrama care fusese pe capul Lui și giulgiurile, adică lințoliul în care a fost învelit trupul Domnului Iisus. Cinsteau și icoana Domnului imprimată prin bunăvoirea dumnezeiască pe Mandilionul trimis lui Avgar, care își dorise foarte mult să-L vadă.

Cinsteau, de asemenea, acoperământul și brâul Preasfintei Născătoare de Dumnezeu.

Cinstirea față de sfinți este cerută de simțământul religios înalt și de râvna aprinsă pentru credință ale inimii iubitoare de Dumnezeu, manifestare a dorului, spre slava lui Dumnezeu, Ce preamărește Biserica Sa luptătoare.

Cinstirea sfinților este expresia iubirii credincioșilor față de virtuțile înalte și de nevoințele deosebite, purtate cu bărbăție, pentru care au luat cununa cea neveștejită a slavei. Cinstea adusă sfinților este semnul respectului nostru față de jertfa lor de bunăvoie pentru credința lui Hristos, pe care au mărturisit-o cu prețul sângelui și al desăvârșitei tăgăduiri de sine. Cinstirea față de sfinți este expresia recunoștinței veșnice față de atleții lui Hristos care au luptat împotriva rătăcirilor vrăjmașilor adevărului, păzind credința curată și transmițându-ne nouă Sfânta Predanie nevătămată și adevărul revelat întreg și neîmpuținat.

Cinstirea sfinților este manifestarea identității simțămintelor și cugetelor noastre față de cei ce-au luptat cu sfințenie pentru credință. Cinstirea față de sfinți este mărturisirea credinței fierbinți și vii față de Hristos, Dătătorul cununilor și răsplăților, Care i-a întărit în arena credinței pe atleții Săi, întru slavă.

Cinstirea adusă sfinților este semnul dorului dumnezeiesc, care ne inundă inimile spre a ne face următori lor, și chezășia iubirii arzătoare din sufletul nostru spre a ne ridica la înălțimea virtuților lor, ca pildă veșnică.

Cinstirea sfinților este obligația morală față de ei pentru feluritele binefaceri dăruite nouă, deoarece mijlocesc la Domnul pentru noi, datoria, cerută nouă de Dumnezeu, Care-i slăvește pe sfinții Săi chiar de pe pământ: căci Dumnezeu voiește ca și credincioșii să-i slăvească pe pământ pe cei pe care El Însuși i-a slăvit și încununat; fiindcă „Domnul a făcut minuni pe pământ prin sfinți" (*Ps.* 15, 3 [*LXX*]). Lipsa de prețuire și cinstire a sfinților lui Dumnezeu – lucru neapărat de înțeles ca o lege – nu e nimic altceva decât necredință, nerecunoștință, nepăsare și lipsa dorinței noastre de desăvârșire în virtute.

Cât despre cinstirea sfinților, Biserica a avut de la întemeierea ei un singur crez, părere, glas. Veacurile toate aceasta mărturisesc.

„Cel ce cinstește pe Domnul, cinstește și pe sfânt, iar cel ce-l necinstește pe sfânt, Îl necinstește și pe Stăpânul lui" (*Panarion*, erezia 78, cap. 21), zice Epifanie al Salaminei. Într-adevăr, dacă cel ce necinstește pe trimisul împăratului necinstește pe împăratul însuși, la fel și cel ce nu cinstește pe sfinții slăviți de Dumnezeu nu-L cinstește pe Dumnezeu, arătându-se nerecunoscător Domnului și sfinților Săi.

„Căci atitudinea plină de bunăvoință față de cei dimpreună cu noi robi e îndreptată doar spre Stăpânul, Căruia I-au slujit; și cel ce-i cinstește pe cei ce s-au nevoit este evident că are aceeași râvnă față de credință ca și ei; astfel că aceeași faptă se face mărturisitoarea unei mari virtuți", ne spune și Vasile cel Mare în *Epistola* 197, 2.

La fel și dumnezeiescul Grigorie Teologul, în scrisoarea adresată lui Iulian despre cinstirea datorată sfinților afirmă: „Nu ți-a fost rușine de cei ce s-au jertfit pentru Hristos, nu ți-a fost teamă de marii luptători, de acel Ioan, Petru, Pavel, Iacov, Ștefan, Luca, Andrei și Tecla, precum și de cei ce și înainte de ei și-au pus în primejdie viața de dragul adevărului? Care s-au împotrivit plini de zel focului, fierului (sabiei), fiarelor sălbatice, tiranilor, relelor de față și celor care îi amenințau cu venirea [asupra lor], ca și când ar fi viețuit în trupuri ce nu erau ale lor, sau chiar ca și când ar fi fost netrupești, astfel încât să nu trădeze dreapta-credință nici măcar cu un cuvânt? [Nu ți-a fost teamă și rușine] de cei cărora li se cuvin cinstirile cele mari și praznicele, învrednicindu-se de arătări și preziceri? De cei ale căror trupuri sunt prin ele însele deopotrivă sfintelor lor suflete, fie că sunt atinse, fie că sunt cinstite? Ale căror numai și câteva picături de sânge ca niște semne ale pătimirilor lucrează câte lucrează și trupurile lor?" (*Împotriva lui Iulian*, I, 69).

La fel și Vasile cel Mare în Omilia a XIX-a, la Sfinții 40 de Mucenici ne amintește: „S-ar putea să se sature vreodată de pomenirea martirilor cel iubitor de mucenici? Fiindcă cinstirea robilor celor buni față de cei ce le sunt dimpreună-robi e dovada bunei lor purtări față de Stăpânul. E limpede că cel ce se face primitorul bărbaților cutezători, când vor veni vremuri așijderea, nu se va da în lături de a li se face el însuși următor. Fericește-l cu sinceritate pe cel ce a mărturisit spre a te face și tu martir prin buna ta aplecare lăuntrică [spre martiriu], și vei ajunge, fără a fi ars, biciuit, să ai parte de aceeași răsplată de care s-a învrednicit și acela. Iar noi urmează să ne arătăm admirația nu doar față de unul sau doi – numărul celor ce trebuie fericiți nu se oprește la zece –, ci față de acei patruzeci de bărbați care, ca un suflet în patruzeci de trupuri împărțit, într-o singură concordie și unitate de credință, într-o așteptare unică a cumplitelor încercări, și-au vădit împotrivirea de dragul adevărului. Cu toții s-au asemănat unul altuia, și prin puterea de judecată, și prin nevoința lor. De aceea s-au și învrednicit de o cunună a slavei de deopotrivă cinstire. Ce cuvânt, așadar, le-ar putea înfățișa însemnătatea? Nici măcar patruzeci de guri n-ar fi îndeajuns spre lauda acestor patruzeci de bărbați. Și dacă cel lăudat de noi ar fi fost numai unul singur, tot ar fi fost în stare să înfrângă puterea cuvintelor mele – cu atât mai mult acum, când o asemenea mulțime ne stă în față: ca o falangă militară, o tagmă cu care greu se poate cineva măsura, fiind cu neputință de atins nu doar în războaie, ci în aceeași măsură și de laude".

În altă parte tot el ne lămurește privitor la cinstirea cuvenită sfintelor moaște: „Pentru iudei, moartea și toate cele legate de cei morți erau socotite respingătoare; dar de când oamenii primesc moartea pentru Hristos, rămășițele acestor cuvioși ai Săi sunt de cinste (...); acum cel ce se atinge de oasele unui martir dobândește o oarecare sfințire din partea harului sălășluit în trup. Că «scumpă este înaintea Domnului moartea cuvioșilor Lui» (*Ps.* 115, 6)".

La fel și Ioan Hrisostom susține aceleași lucruri privitor la sfintele moaște: „Că dacă Dumnezeu a dăruit trupurilor moarte care se descompun în țărână o putere mai mare decât a tuturor celor vii, cu cât mai mult nu le va dărui lor o viață superioară celei de dinainte și mai fericită, în vremea [sortită] cununilor?".

Același părinte cu gura de aur adaugă: „Dumnezeu îi împarte pe martiri cu noi: El ia sufletele, iar nouă ne lasă trupurile, spre a avea osemintele lor drept veșnică aducere-aminte și pomenire a virtuții".

La fel și Sfântul Isidor îi scrie lui Hierax despre moaște: „Dacă te smintești de pulberea trupurilor mucenicilor, cinstită de noi din pricina iubirii lor față de Dumnezeu și a împotrivirii [față de tirani], întreabă-i pe cei ce primesc vindecări [prin ele] și ia aminte câtor oameni li se dăruiește vindecarea de patimi. Iar atunci n-o să zeflemisești ceea ce se petrece, ci o să râvnești să ai și tu parte de ceea ce și-au dorit aceia".

Filostorgiu, în *Istoria bisericească*, cartea a VI-a, cap. 4 relatează că pe vremea lui Iulian, în Palestina, necredincioșii au scos din racle moaștele profeților Elisei și Ioan Botezătorul și, amestecându-le cu oasele unor ființe necuvântătoare, le-au ars, prefăcându-le în cenușă și le-au împrăștiat în aer. „Au săvârșit cele mai necuvenite lucruri dintre cele făptuite vreodată de păgâni împotriva creștinilor". Din istorisirea sa reiese că încă din primele secole creștinii cinsteau sfintele moaște ale profeților, în timp ce păgânii puneau la cale, spre îndurerarea creștinilor, sacrilegii, precum cel de mai înainte.

Socotim că mărturia istoricului Filostorgiu susține adevărul, în care credem și noi, că încă din primele secole creștinii cinsteau moaștele profeților, apostolilor și ale tuturor sfinților mărturisiți și slăviți de Dumnezeu.

Nichifor, patriarhul Constantinopolului, îi scrie lui Leon, papa Romei: „Mă închin și sărut cinstitele moaște ale sfinților ca cele ce sunt loc de vindecare a bolilor trupești și sufletești".

Fotie afirmă în *Epistola X*: „Ne închinăm cu credință bisericilor, mormintelor, moaștelor sfinților, fiindcă izvorăsc vindecări credincioșilor, și-L mărim și lăudăm pe Hristos, Dumnezeul nostru, Care i-a slăvit pe aceștia".

Faptul că cinstirea sfintelor moaște a apărut încă din primele secole ale Bisericii e atestat și de felul în care creștinii au adunat laolaltă sfintele moaște ale Sfințitului Martir (*hieromartir*) Ignatie Teoforul – cea mai veche mărturie privitoare la sfintele moaște. Neîndoielnic ceea ce s-a petrecut cu sfintele moaște ale acestui Părinte Apostolic s-a petrecut și cu moaștele Sfinților Apostoli (ale căror sfinte moaște s-au păstrat până astăzi, după cum Biserica dă mărturie), ale ucenicilor lor, ale tuturor Sfinților Martiri ai lui Hristos și ale cuvioșilor și drepților slăviți de Domnul. Cinstirea sfintelor moaște nu e doar un act cuvenit, ci cu mult mai sfânt, rodul unei evlavii adevărate, expresia inimii credincioșilor inundate de iubire și cucernicie față de Sfinții Mucenici și cuvioși, a căror viețuire rămâne de-a pururi o pildă ce trezește râvna de a le urma, sporindu-le evlavia și credința.

Eusebiu, relatând în *Istoria bisericească* (cartea a IV-a, cap. 15) martiriul Sfântul Sfințit Mucenic (*hieromartir*) Policarp, ne spune privitor la moaștele sfântului: „Căci ne închinăm Lui (Domnului Iisus Hristos) ca Fiului lui Dumnezeu și ne arătăm dragostea față de martiri ca față de cei ce sunt ucenici ai Domnului și următori ai Săi, în virtutea afierosirii lor de neîntrecut față de Împăratul și Dascălul lor. Fie ca și noi să I ne facem Lui dimpreună cu aceștia părtași și ucenici!

Văzând însă centurionul cearta stârnită de iudei, a așezat [trupul Sfântului Policarp] în mijloc, după obicei, și l-a ars, astfel că noi, adunând oasele-i mai de preț decât pietrele nestemate și mai alese decât aurul cel mai curat, le-am așezat acolo unde au și continuat să rămână[1], acolo unde, pe cât ne va fi cu putință, ne vom aduna întru bucurie și veselie și,

[1] *Scil.* în biserică (*n. aut.*).

cu îngăduința Domnului, vom prăznui ziua de naștere a martirului, întru pomenirea celor ce mai înainte s-au nevoit și de dragul celor care urmează a le îmbrățișa asceza și nevoința".

Eusebiu istorisește, de asemenea, și cele despre cinstirea martirilor în timpul domniei lui Constantin cel Mare: „Iar pe cetatea, cea mai presus de toate, care-i purta numele, din dorința de a o cinsti, a împodobit-o cu o mulțime de lăcașe de rugăciune, martirium-uri (biserici închinate martirilor) și construcții preafrumoase, aflate atât în interiorul cetății, cât și în afara ei. Prin acestea nu doar cinstit-a pomenirea martirilor, ci cetatea și-a afierosit-o Dumnezeului martirilor."[1]

Sozomen (III, 14) istorisește, cu privire la mormântul dumnezeiescului Ilarion, următoarele minuni, prin care se atestă faptul că nu doar rămășițele pământești ale sfinților, ci și mormintele lor, din care osemintele fuseseră îndepărtate mai înainte, dăruiau vindecări. „La vremea de atunci se deosebea întru totul dumnezeiescul Ilari-

[1] *Viața lui Constantin cel Mare*, III, 48.

on (...) care a ajuns atât de iubit de Dumnezeu, că până în ceasul de acum la mormântul său mulți dintre cei ce suferă de boli sau sunt demonizați își află vindecarea; iar lucrul cel mai minunat era [că la fel s-a petrecut] și în Cipru, unde fusese dintru început îngropat, și în Palestina, unde se afla acum. Că s-a întâmplat să moară în timp ce se afla în Cipru și a fost îngropat în locurile acelea, fiind foarte cinstit și săvârșind multe tămăduiri, dar apoi Isýhas, cel mai de seamă dintre ucenicii săi, i-a furat rămășițele pământești și le-a mutat în Palestina, îngropându-le la mănăstirea sa".

Dumnezeiescul Hrisostom în omilia a XXVI-a la *Epistola a doua către Corinteni* ne spune privitor la slava sfinților și a sfintelor lor moaște: „Iar osemintele sfinților n-au puterea asta vrednică de plâns și umilă a cârmuitorilor lumești de a lega și dezlega oameni, ci o alta, cu mult mai mare: căci îi supun pe demoni și-i chinuiesc, eliberându-i pe oameni din legăturile cumplite ale demonilor, (...) care nu pot îndura această putere minunată a lor, pe cei legați. Și cu toate că sunt purtători de trupuri se arată mai puternici decât cei fără de trupuri: țărâna și osemintele și cenușa risipesc puterile acelea nevăzute. De aceea nimeni nu va pleca în călătorie spre a vedea niște curți regești, în schimb mulți împărați (și de multe ori) au făcut cale lungă spre a le vedea pe acestea (sfintele moaște). Căci martirium-urile sfinților (bisericile ridicate în numele lor) nu sunt altceva decât semne și simbol ale Judecății ce va să vină, când demonii sunt biciuiți, iar oamenii chinuiți și sloboziți".

Al șaptelea Sinod Ecumenic rânduiește privitor la sfintele moaște în cel de-al șaptelea canon al său: „Drept aceea, ereziei nelegiuite a celor ce-i învinovățesc pe creștini i-au urmat dimpreună și alte impietăți. Că precum chipurile cinstitelor icoane le-au ridicat din Biserică, tot așa au părăsit și alte obiceiuri, care trebuie reînnoite și ținute întocmai cu Predania, cu cea scrisă și cu cea nescrisă. Deci în cinstitele biserici târnosite fără de Sfinte Moaște de mucenici, poruncim să se facă punere de moaște cu obișnuita rugăciune, iar cel ce va consfinți biserici fără de Sfinte Moaște să se caterisească, ca unul ce a călcat tradiția bisericească."

Istoricul Socrate descrie astfel puterea moaștelor de martiri în *Istoria bisericească*, cartea a III-a, cap. 18: „După ce a poruncit să fie redeschise templele în Antiohia, [Iulian Apostatul] încerca nerăbdător să afle ce-i va spune oracolul lui Apolo din Dafne[1], dar demonul sălășluit în templu nu i-a dat nici un răspuns din pricină că-i era frică de vecinul său, adică de

[1] Localitate din apropierea Antiohiei, ce a primit numele nimfei care, în încercarea de a scăpa de zeul Apolon care, îndrăgostit nebunește de ea, era pe urmele ei, s-a rugat Mamei-pământ (Gaia sau Geia) și a fost transformată într-un dafin. Apolon n-a putut decât să taie o ramură, pe care a purtat-o mereu pe creștetul său. În locul respectiv, unde ar fi avut loc întâmplarea aceasta, celebru, de altfel, pentru frumusețile naturale (retorul Libaniu îl laudă mereu în scrierile sale), s-a construit și cunoscutul templu închinat lui Apolon. În pofida așteptărilor sale de a reînvia religia păgână, Iulian Apostatul va încerca în Antiohia mari dezamăgiri, întrucât, pe de o parte, cultul lui Apolon aproape dispăruse, iar, pe de altă parte, el însuși avea să înțeleagă că se afla în conflict nu doar cu creștinismul, ci în aceeași măsură și cu păgânismul *(n. trad.)*.

Mucenicul Vavílas[1], că racla în care se păstra trupul martirului era în preajmă. Înțelegând pricina [tăcerii demonului], a poruncit numaidecât ca racla să fie mutată. La aflarea acestora, creștinii din Antiohia, dimpreună cu femeile și tinerii, au mutat racla din Dafne în cetate, în bucurie mare și psalmi".

În cateheza a XVIII-a Chiril al Ierusalimului afirmă: „Iar Elisei a înviat oameni de două ori, și în timpul vieții, și după moarte. Că în timp ce trăia a lucrat învierea prin sufletul său. Or ca nu cumva să se cinstească numai sufletele drepților, ci ca să se creadă că și în trupurile drepților se află o putere, mortul, aruncat în mormântul lui Elisei, atingându-se de trupul adormit al profetului, a fost readus la viață; așa că trupul a săvârșit o lucrare ce-i aparține sufletului și, deși mort și întins în mormânt, a dat viață celui răposat și, cu toate că i-a dat acelu-

[1] Moaștele Sfântului Vavílas, episcop al Antiohiei (237-250), au fost aduse aici de Galos, fratele lui Iulian Apostatul, care primise de la Constantin cel Mare titlul de „Cezar al Antiohiei" *(n. trad.).*

ia viață, [trupul lui Elisei] a rămas în mormânt. De ce oare? Ca nu cumva învierea săvârșită de Elisei să fie pusă pe seama doar a sufletului lui, ci ca să se arate că și atunci când sufletul nu e de față în trupul sfinților se află o putere în virtutea sălășluirii de mulți ani în trupul acela a sufletului drept, căruia [trupul] i-a fost slujitor. Și să nu fim necredincioși asemenea pruncilor, socotind că așa ceva nu s-a petrecut. Căci dacă și numai «ștergarele și șorțurile [lui Pavel] (*F.A.* 19, 12)», aflate pe deasupra [trupului], îi ridica pe bolnavii de ale căror trupuri se atingeau, cu cât mai mult n-ar fi cu putință ca trupul acestui profet să-l fi înviat pe cel mort? (*cf. IV Reg.* 13, 21)".

Și Mitrofan Critopoulos spune, privitor la sfintele moaște în *Mărturisirea* Sa (cap. XVI): „Aceeași cinste Biserica aduce și sfintelor moaște, cu condiția ca ele să fie adevărate și nemincinoase. Că s-au scornit multe vicleșuguri și înșelătorii cu acestea, ca în cazul unui oarecare sfânt care, după moaștele existente, e numit și *tricefal* și *tetracefal*, având, de asemenea, tot atâtea mâini și picioare... Și pentru că aceste mădulare ale sfântului sunt arătate (scoase spre închinare) în diferite locuri, Biserica respinge și condamnă [astfel de lucruri] ca fiind ceva necuviincios și, totodată, o înșelăciune".

Privitor la motivul cinstirii moaștelor cu adevărat sfinte zice: „Întrucât păgânii și prigonitorii creștinilor socoteau că moartea pentru Hristos e de ocară și rușine, Dumnezeu și Tatăl Domnului nostru Iisus Hristos, voind să arate că o asemenea moarte întreit-fericită este și cinstită, și slăvită, fiindcă, într-adevăr, se petrece de dragul Unuia-Născut Fiului Său, a așezat asupra moaștelor celor care au murit pentru El harul și darul Preasfântului Duh, lucru pe care Biserica, de îndată ce l-a aflat și l-a înțeles, l-a acceptat și plină de râvnă l-a transmis mai departe, generațiilor viitoare. Că într-adevăr harul Preasfântului Duh s-a așezat asupra lor mărturisesc mulți dintre scriitorii, înțelepții și sfinții Bisericii primare, precum și minunile săvârșite prin mijlocirea acestor sfinte moaște, ca alungările demonilor și vindecarea a tot felul de boli, ale căror locuri, dacă ni se va da timp, le-am putea înfățișa; acum însă, din lipsa acestuia, le trecem cu vederea."

În canonul 51 al Sfântului Sinod din Laodiceea se spune privitor la cinstirea martirilor: „Nu se cuvine a prăznui zilele de naștere ale martirilor (*γενέθλια*)[1] în Patruzecime (Postul Mare), ci pomenirile Sfinților Martiri să se facă în sâmbete și duminici". Măsura aceasta s-a statornicit, așa cum ne spune Balsamon, întrucât aceste zile de naștere ale martirilor sunt un prilej de prăznuire, din aceasta reieșind că este un obicei foarte vechi prăznuirea pomenirii zilei de naștere, adică a martiriului Sfântului Mucenic. Astfel, Tertulian, care a trăit între 160 și 245, afirmă în lucrarea *Despre cununa martirilor*, III: „prin săvârșirea de pomeniri anuale pentru cei adormiți". De asemenea, și Ciprian, cu un sfârșit mucenicesc în 258, ne lămurește în *Epistola XXXIV*: „Jertfe pentru ei (martiri) aducem întotdeauna, săvârșind po-

[1] *Cf. supra* „dies natali".

meniri și prăznuind în ziua nevoinței mucenicului".

Prin urmare, din toate acestea reiese că obiceiul Bisericii creștine de a cinsti și a-și arăta evlavia față de sfinți și de sfintele lor moaște este, într-adevăr, străvechi.

2.
Despre mijlocirea sfinților înaintea lui Dumnezeu

În acord cu cugetul ortodox, unul dintre înțelesurile Bisericii este acela de mijlocire a sfinților înaintea lui Dumnezeu. Acest înțeles s-a bucurat de statutul de dogmă, având totodată un caracter sobornicesc pentru întreaga Biserică a primelor veacuri. Fiind socotit dintotdeauna un adevăr de netăgăduit, a fost propovăduit ca atare de-a lungul tuturor secolelor următoare.

În înțelesul de „Trup al lui Hristos", Biserica cuprinde pe toți cei ce renasc prin credință și, fie vii, fie adormiți, se fac „Trup al lui Hristos".

Biserica cuprinde în înțelesul ei, în afara celor care au crezut în Hristos, și pe toți drepții care, murind atât înainte de Lege, cât și în Lege, au fost în așteptarea mântuirii aduse prin Fiul făgăduinței, prin „Fiul Omului" și Mântuitorul lumii Cel așteptat. În sensul acesta atribuit Bisericii, îi cuprinde ca pe mădulare ale sale și ale lui Hristos pe toți drepții de la Adam care au crezut în El înainte de venirea Lui.

Biserica lui Hristos se distinge ca Biserică luptătoare și triumfătoare; prin „luptătoare" înțelegându-se cea care luptă și se nevoiește întru înfăptuirea cuvântului lui Dumnezeu împotriva puterilor pierzării, iar prin cea „triumfătoare" – cea sălășluită în cer, care s-a nevoit, a triumfat și a ajuns întru slavă la Hristos, Răsplătitorul.

Aceste Biserici, din cer și de pe pământ, sunt Biserica cea una și nedespărțită a lui Hristos – Mireasa Sa. Capul ei este Hristos, Care alcătuiește un singur Trup din Biserica din cer și cea de pe pământ.

În sensul ortodox așadar atribuit Bisericii, cei ce-și găsesc sfârșitul ca mădulare sfinte ale ei, ca mădulare ale Trupului lui Hristos, se află într-o unitate inseparabilă cu Biserica. Ca mădulare ale ei se află întru cunoștința Liturghiilor [săvârșite de] ea, laudă și slăvesc dimpreună cu toată Biserica pe Mântuitorul, rugându-se pentru Biserica luptătoare și pentru mădularele în neputințe sufletești sau trupești, care încă nu s-au desăvârșit în virtute, ajutându-le celor ce se roagă, când au parte de dumnezeiască îngăduință.

Rugăciunile de cerere (*δέησις*) ale Bisericii triumfătoare se unesc cu rugăciunile Bisericii luptătoare, încât cerul și pământul slăvesc pe Domnul și înalță rugi pentru viața și mântuirea lumii.

Cu neputință îi este Bisericii Ortodoxe să înțeleagă o separare și despărțire între mădularele ei în viață și cele răposate, fiindcă îi e cu neputință să conceapă faptul că mădularele lui Hristos pot fi despărțite, după moartea lor, de Biserică, de Trupul lui Hristos, și să ajungă în starea de moarte și lipsă de simțire. Bisericii îi e cu neputință să accepte o asemenea despărțire odată ce a avut loc unirea cu Domnul, îi e cu neputință să îngăduie faptul că mădulare ale ei, care au primit viața în Hristos, încetează să o mai aibă, îi e cu neputință să priceapă cum mădularele ei pot ajunge să nu mai aibă puterea de pricepere, de simțire; dimpotrivă, Biserica crede, potrivit cu *Sfânta Scriptură,* că „acum vedem ca prin oglindă, în ghicitură, iar atunci, față către față; acum cunosc în parte, dar atunci voi cunoaște pe deplin, precum am fost cunoscut și eu" (*I Cor*. 13, 12-13).

Biserica Ortodoxă crede că toți, viii și morții, ca mădulare ale lui Hristos au o viață, primită de la El, de-a pururi fiitoare și dătătoare a puterii de a trăi, că Duhul lui Hristos sălășluiește în ei și că după desfacerea sălașului (trupului) lor de țărână păstrează conștiința desăvârșită a acestei vieți a lui Hristos vivificatoare și luminarea desăvârșită a cunoștinței (*II Cor*. 4, 8-15 și 5, 1-10); și, prin cunoașterea celor ce se petrec în Biserică, odată ce sunt invocați de mădularele Bisericii luptătoare și de Biserica însăși, dăruiesc, prin bunăvoirea dumnezeiască, sprijin și ajutor celor ce-i cheamă, în virtutea îndrăznelii pe care o au la Domnul și Mântuitorul nostru Iisus Hristos.

Greșesc amarnic împotriva acestei învățături a Bisericii și sunt neîndoielnic lipsiți de Duhul Bisericii lui Hristos toți cei ce socotesc că sfinții ajunși la Domnul nu au cunoștință de noi. Adevărul acestei dogme ortodoxe cu privire la puterea de mijlocire a sfinților și, prin urmare, a cunoștinței desăvârșite de către sfinți a tuturor celor ce ne privesc e întărit nu doar de cele mai sus afirmate, ci și de mărturia anume a Evangheliei, care susține că e ortodoxă.

Domnul Însuși a rostit în Evanghelie că „În cer va fi mai multă bucurie pentru un păcătos care se pocăiește" (*Lc.* 15, 8). Cine sunt cei ce se bucură în cer? Doar îngerii? Dar dacă se bucură îngerii, de ce nu s-ar bucura și sfinții care, asemeni unor îngeri ai lui Dumnezeu, se află înaintea Mântuitorului Hristos luminați de lumina cunoștinței? Iar dacă sfinții nu cunosc cele ale noastre, atunci cum le cunosc îngerii? Iar dacă îngerii cunosc în virtutea luminării dumnezeiești, de ce să tăgăduim aceasta sfinților, care au și ei luminarea dumnezeiască? Prin urmare, cei ce se bucură în cer sunt atât îngerii, cât și sfinții. Astfel că și îngerii și sfinții cunosc cele ale noastre.

De asemenea, Mântuitorul le zice iudeilor că „Avraam, părintele vostru, a fost bucuros să vadă ziua Mea și a văzut-o și s-a bucurat" (*In.* 8, 56) –, fiind vădit că El vorbește clar despre cunoștința lui Avraam și, prin urmare, a tuturor sfinților. În capitolul al XI-lea al *Epistolei către Evrei,* la versetul 13, se spune despre Avraam, Isaac și Iacov că „toți aceștia au murit întru credință, fără să primească făgăduințele, ci văzându-le de departe și iubindu-le cu dor". Așadar, „au văzut și s-au bucurat" arată cunoștința de care a avut parte Avraam și harul simțit la vederea făgăduinței făcute lui ce s-a împlinit odată cu venirea Mântuitorului din sămânța sa după trup.

În *Tâlcuirea Evangheliei după Ioan* citim: „S-a bucurat Avraam în ceruri văzând împlinirea făgăduințelor odată cu venirea lui Hristos, prin harul

Căruia sărmanul Lazăr și-a aflat odihnă în sânurile lui". Prin urmare, sfinții cunosc cele ale noastre.

De asemenea, din parabola Mântuitorului despre bogat și săracul Lazăr aflăm foarte lămurit că Avraam cunoștea în chip desăvârșit nu doar cele privitoare la starea fiecăruia din lume, ci și istoria neamului iudeu și că aveau pe Moise și pe profeți, Legea și învățăturile *ș.a.m.d.*, așa cum reiese din răspunsul pe care Avram îl dă bogatului: „Dacă nu ascultă de Moise și de proroci, nu vor crede nici dacă ar învia cineva dintre morți" (*Lc.* 16, 29).

În *Vechiul Testament,* în cartea a doua a *Macabeilor* (15, 1-16) se face referire clară și directă la cunoștința pe care drepții răposați o au în ce ne privește și la rugăciunea fierbinte pentru frații lor, rămași în viață. În aceste versete se amintește de Ieremia care se roagă pentru poporul iudeilor și de Onia, bărbat bun și drept, care a fost arhiereu și s-a rugat pentru popor, pricină din care i s-a și arătat lui Iuda în vis. Cei ce resping puterea de mijlocire a sfinților nu sunt în stare să se împotrivească acestei mărturii fiindcă în ciuda refuzului lor rămâne mărturia iudeilor care au crezut în cele spuse de Iuda: căci au crezut în cuvintele lui și încă mai cred. **Iar dacă iudeii nu ar fi crezut, în virtutea Sfintei Tradiții, în arătarea sfinților, Iuda n-ar fi încercat să le câștige încrederea într-un moment când toate erau potrivnice spuselor lor.**

Mărturia aceasta va fi încetat să fie valabilă numai atunci când cărțile Macabeilor vor fi fost reprobate ca fiind lipsite de temei istoric, dar aceasta e cu neputință, deoarece valoarea lor istorică e atestată de istoria antică.

Prin înlăturarea rugăciunilor de mijlocire ale sfinților mutați de aici, se înlătură și rugăciunile sfinților în viață și ale Bisericii înseși față de cei ce le-o cer cu stăruință, în virtutea îndrăznelii pe care o au înaintea lui Dumnezeu, întrucât refuză orice fel de mijlocire, socotind-o în contradicție cu *Scriptura*.

Spre adeverirea cugetului ortodox vom aduce mărturii atât din *Vechiul*, cât și din *Noul Testament*.

a) Mărturii din *Vechiul Testament*

Dogma mijlocirii sfinților e susținută pentru prima dată în *Vechiul Testament*, când se istorisește că Avraam s-a rugat lui Dumnezeu pentru Abimelec: „Și s-a rugat Avraam lui Dumnezeu și Dumnezeu a vindecat pe Abimelec, pe femeia lui și pe roabele lui, și acestea au început a naște" (*Fac.* 20, 17); iar Moise, pentru Faraon: „Și ieșind Moise de la Faraon, s-a rugat lui Dumnezeu. Și a făcut Domnul după cum zisese Moise: a îndepărtat tăunii de la Faraon, de la slujitorii lui și de la poporul lui și n-a mai rămas nici unul" (*Fac.* 8, 28-31; *cf.* 32, 11-14), dar și pentru poporul iudeilor: „Iar Moise s-a rugat Domnului și a încetat focul" (*Num.* 11, 2), și pentru Aaron (*Deut.* 9, 12 și 20); de asemeni, și Samuel s-a rugat pentru Israel: „Și a strigat Samuel către Domnul pentru Israel și l-a auzit pe el Domnul" (*I Reg.* 7, 9; 11, 19-23; *III Reg.* 1-17; *I Reg.* 12, 23).

În cartea lui Iov Domnul îi spune lui Elifaz din Teman: „«Mânia Mea arde împotriva ta și împotriva celor doi prieteni ai tăi, pentru că n-ați vorbit de Mine așa de drept, precum a vorbit robul Meu Iov. Acum deci luați șapte vițel și șapte berbeci și duceți-vă la robul Meu Iov și aduceți-le, pentru voi, ardere de tot; iar robul Meu Iov să se roage pentru voi; din dragoste pentru el, voi fi îngăduitor, ca să nu Mă port cu voi după nebunia voastră, întrucât n-ați vorbit despre Mine așa de drept cum a vorbit robul Meu Iov». Astfel Elifaz din Teman, Bildad din Șuah și Țofar din Naamat s-au dus și au făcut cum le spusese Domnul, și Domnul a primit rugăciunea lui Iov" (*Iov* 42, 7-9).

Arhiereii și preoții în acord cu prescripțiile Legii mozaice se rugau lui Dumnezeu pentru popor. În *Lev.* 9, 7 Moise a zis către Aaron: „Apropie-te de jertfelnic și săvârșește jertfa ta cea pentru păcat și arderea de tot a ta și curățește-te pe tine și casa ta; apoi adu darurile poporului și-l curățește, cum a poruncit Domnul!". Chemarea lui Dumnezeu de către Manase, regele lui Iuda, în rugăciunea sa „Doamne, Atotțiitorule, Dumnezeul părinților noștri, al lui Avraam, al lui Isaac și al lui Iacov, și al seminției celei drepte a lor" (*Man.* 1, 1) este o pildă de rugăciune în care e arătată puterea mijlocitoare a strămoșilor înaintea lui Dumnezeu, fiindcă strămoșii și seminția lor cea dreaptă nu sunt amintiți în rugăciune din altă pricină decât pentru ca ei, care au bineplăcut Lui, să fie aduși ca mijlocitori pentru sine spre a cere mila lui Dumnezeu.

De asemenea, în cuvintele lui Isaia către Iezechia, care se ruga lui Dumnezeu să nu moară, precum i s-a vestit lui de către Isaia: „Așa grăiește Domnul Dumnezeul lui David, tatăl tău: Ascultat-am rugăciunea ta, văzut-am lacrimile tale, iată voi adăuga la viața ta încă cincisprezece ani" (*Is.* 38, 5) sunt vădite harul și mila primite de dragul lui David, tatăl său, al cărui nume a fost pomenit în răspunsul dat de Dumnezeu lui Iezechia.

La fel și în *IV Reg.* 19, 5 Iezechia, chemându-L în rugăciune pe Dumnezeu, Îl numește „Dumnezeul lui Israel"; pomenirea numelui lui Israel nu vădește decât puterea mijlocitoare a lui Israel, adică a lui Iacov și a seminției lui celei drepte.

În rugăciunea regelui Solomon, la sfințirea Templului lui Dumnezeu, Solomon Îl cheamă pe Dumnezeu spre a-i da lui, care I se roagă pentru templu, ascultare, făcând trimitere la cuvintele lui Dumnezeu către David, tatăl său: „Și acum, Doamne, Dumnezeul lui Israel, păzește ceea ce ai grăit către David, copilul Tău și tatăl meu..." (*II Par.* 6, 14 [*LXX*]). Întreaga rugăciune ni-l arată pe Solomon rugându-se lui Dumnezeu să-Și aducă aminte de Israel și de David, ca să nu le treacă cu vederea cererile.

Această chemare (epicleză) este pildă a puterii de mijlocire a sfinților care au bineplăcut lui Dumnezeu. De aici reiese că *Vechiul Testament* adeverește că drepții, atât cei vii, cât și cei răposați, mijlocesc înaintea lui Dumnezeu.

b) Mărturii din *Noul Testament*

În *Noul Testament* a ne ruga unii pentru alții este porunca Domnului nostru Iisus Hristos (*Mt.* 5, 44; *Lc.*

6, 27). Domnul Însuși ne-a dat pilda aceasta când S-a rugat pentru cei ce L-au răstignit (*Lc.* 23, 34). De asemenea, și arhidiaconul Ștefan s-a rugat pentru cei ce l-au bătut cu pietre (*F.A.* 7, 60). Același lucru ne învață și Pavel în *Epistolele* sale *către Romani* (12, 14) și *Corinteni* (*I Cor.* 4, 13-15), Petru (*I Pt.* 3, 9) și Iacov (*Iac.* 5, 16); și Ioan se roagă pentru Gaios (în *III In.* 1, 2) să aibă spor în toate și să-i fie bine trupește, dar și sufletește (în viața duhovnicească). **Cel ce se roagă pentru altul mijlocește între Dumnezeu și cel pentru care se face mijlocirea, astfel încât tot cel ce se roagă pentru celălalt mijlocește pentru el și săvârșește lucrarea de mijlocitor.**

Biserica a primit de la apostoli porunca și pilda de a se ruga și a mijloci pentru întreaga lume la Hristos, și face întocmai. Biserica se roagă lui Dumnezeu să fie îndurător față de rugile și cererile ei, aducând totodată mijlocirile sfinților și ale Maicii lui Dumnezeu, pe deplin încredințată de îndrăzneala pe care aceștia o au la Domnul și de iubirea neștirbită și neîncetată a lor față de Biserica luptătoare a lui Hristos.

Prin invocarea în rugăciune a puterii mijlocitoare a sfinților, Biserica își arată credința că sfinții, care au mijlocit, în viața aceasta, înaintea Domnului pentru pacea lumii, bunăstarea bisericilor lui Hristos *ș.a.m.d.*, nu încetează să înfăptuiască același lucru și în Biserica cerească și triumfătoare a lui Hristos, ne aud rugile, în care îi chemăm în ajutor, și se roagă Domnului, făcându-se purtătorii harului și milei Sale față de noi.

Despre puterea mijlocitoare a sfinților și faptul că ei au știre de faptele noastre, *a se vedea IV Reg*. 5, 26, *F.A*. 5, 1-11 și *In*. 12, 5; Dionisie Areopagitul, *Ierarhia bisericească,* VII, 3; Anastasie Sinaitul, întrebarea și răspunsul VI; Origen, vol. I, Ed. Paris 1733, p. 269; Eusebiu al Cezareii, Pamfil (Palestinianul), *Preparatio evangelica* XIII, Ed. Köln, 1688, p. 633; canonul 5 al Sinodului de la Gangra.

Privitor la rugăciunile sfinților ne lămurește preabine Revelația (*In*. 5, 8). În *Faptele Apostolilor* se istorisește cum Biserica s-a rugat pentru Petru, ținut în închisoare: „Deci Petru era păzit în temniță și se făcea necontenit rugăciune către Dumnezeu pentru el, de către Biserică" (*F.A.* 12, 5).

Apostolul Pavel le scrie romanilor că „neîncetat fac pomenire despre voi (...) în rugăciunile mele" (*Rm.* 1, 9-10), cerându-le totodată „să lupte în rugăciunile către Dumnezeu" pentru el, ca să scape de necredincioșii iudei și slujirea sa la Ierusalim să fie bine primită de către sfinți (*cf. Rm.* 15, 30-31).

În *Epistola a II-a către Corinteni* Apostolul Pavel ne spune că a fost izbăvit de moarte și că Hristos Însuși îl va izbăvi, „ajutându-ne și voi cu rugăciunea pentru noi, așa încât (...), prin rugăciunea multora, să ne fie prilej de mulțumire adusă de către mulți, pentru noi" (*II Cor.* 1, 10-11).

Iar în *Epistola către Efeseni* Apostolul Pavel scrie: „Nu încetez a mulțumi pentru voi, pomenindu-vă în rugăciunile mele" (*Ef.* 1, 16), poruncindu-le totodată: „Faceți în toată vremea, în Duhul, tot felul de rugăciuni și de cereri, și întru aceasta priveghind cu toată stăruința și rugăciunea pentru toți sfinții și pentru mine" (*cf. Ef.* 6, 18-19).

Apostolul Pavel cere acest lucru în toate epistolele sale. În *Epistola către Filipeni* scrie: „Mulțumesc Dumnezeului meu, ori de câte ori îmi amintesc de voi" (*Filip.* 1, 3). În *Epistola către Coloseni* îi înștiințează pe destinatari că se roagă „totdeauna" pentru ei (*Col.* 1, 3) și le poruncește și lor să se roage pentru el: „Stăruiți în rugăciune, priveghind în ea cu mulțumire, rugându-vă totodată și pentru noi" (*Col.* 4, 2-3).

Thessalonicenilor le scrie: „Mulțumim lui Dumnezeu totdeauna pentru voi toți și vă pomenim în rugăciunile noastre, aducându-ne aminte neîncetat, înaintea lui Dumnezeu, Tatăl nostru, de lucrul credinței voastre" (*I Tes.* 1, 2-3), iar la finalul epistolei le poruncește să se roage pentru el: „Fraților, rugați-vă pentru noi" (*I Tes.* 5, 25), pentru ca în cea de-a doua *Epistolă către Thessaloniceni* să le reamintească: „În sfârșit, fraților, rugați-vă pentru noi" (*II Tes.* 3, 1).

În *Epistola întâi către Timotei* îi roagă astfel: „Vă îndemn deci, înainte de toate, să faceți cereri, rugăciuni, mijlociri, mulțumiri, pentru toți oamenii, pentru împărați și pentru toți care sunt în înalte dregătorii, ca să petrecem viață pașnică și liniștită întru toată cuvioșia și buna-cuviință, că acesta este lucru bun și primit înaintea lui Dumnezeu, Mântuitorul nostru" (*I Tim.* 2, 1-3).

În *Epistola a doua către Timotei* scrie: „(...) te pomenesc neîncetat, zi și noapte, în rugăciunile mele" (*II Tim.* 1, 3) și se roagă pentru sufletul lui Onisifor, adormit în Domnul, astfel: „Să-i dea Domnul ca, în ziua aceea, el să afle milă de la Domnul" (*II Tim.* 1, 18). Regăsim aceleași lucruri în *Epistola către Filimon* (1, 4-22) și *Epistola către Evrei* (13, 18).

Și Apostolul Iacov îndeamnă la rugăciunea unora pentru alții când afirmă: „Rugați-vă unul pentru altul, ca să vă vindecați, că mult poate rugăciunea stăruitoare a dreptului" (*Iac.* 5, 16). Și pentru a le arăta puterea rugăciunii fierbinți a dreptului conchide:

„Ilie era om, cu slăbiciuni asemenea nouă, dar cu rugăciune s-a rugat ca să nu plouă și nu a plouat trei ani și șase luni. Și iarăși s-a rugat și cerul a dat ploaie și pământul a odrăslit roada sa" (*Iac*. 5, 17-18).

Ioan Teologul poruncește a ne ruga și pentru frații noștri care au păcătuit: „Dacă vede cineva pe fratele său păcătuind – păcat nu de moarte – să se roage, și Dumnezeu va da viață acelui frate" (*I In*. 5, 16).

Din cele de mai sus reiese că:

i) a ne ruga unii pentru alții este porunca Mântuitorului și a apostolilor,

ii) o atare faptă este bineplăcută lui Dumnezeu,

iii) Dumnezeu primește cererile pentru frații noștri,

iv) ascultă cererile și dă viață celor ce păcătuiesc, adică le iartă păcatele care nu sunt de moarte,

v) cererea stăruitoare a dreptului are o putere foarte mare înaintea lui Dumnezeu.

Suntem, cu alte cuvinte, datori să ne rugăm unii pentru alții și să chemăm (invocăm) rugăciunile drepților pentru noi, păcătoșii, căci îndrăzneala dobândită de cei drepți înaintea lui Dumnezeu e mare întrucât, așa cum am văzut, acest lucru este bine primit înaintea lui Dumnezeu și că, plecându-Se la rugăciunile drepților, Dumnezeu iartă păcatele care nu sunt de moarte.

Știind acum aceste lucruri, ne mai este îngăduit a ne îndoi de sfinții și drepții care mijlocesc pentru noi, că, fiind mutați de Domnul din Biserica luptătoare la cea triumfătoare, nu vor voi să se roage pentru noi, cei din sânul Bisericii luptătoare? O astfel de îndoială nu exprimă decât lipsa credinței în dogma care ne învață că cei ce mor în Domnul se mută de la moarte în locul celor vii, în corturile drepților, întru Împărăția cerurilor, iar noi, cei ce credem în această dogmă, suntem datori să credem, de asemenea, că sfinții și drepții mijlocesc pentru noi, ne ascultă și cunosc cererile noastre de vreme ce sunt mădularele unuia și aceluiași Trup al Bisericii și se roagă stăruitor pentru noi, arătându-ni-se drept purtători ai darurilor dumnezeiești.

Potrivnic-cugetătorii susțin că „Unul este și Mijlocitorul între Dumnezeu și oameni" (*I Tim.* 2, 5); însă cei ce afirmă atare lucruri față de noi sunt datori să-și exprime obiecția înaintea apostolilor, dacă sunt convinși de îndreptățirea acestei opinii și socotesc că îndoiala le e întemeiată. Dat fiind că noi, așa cum s-a arătat, le urmăm apostolilor, înțelegem că, din nefericire, îndoiala lor nu e întemeiată, iar obiecția se îndepărtează de tema luată în discuție, ducând la concluzii absurde.

Mai întâi, obiecția lor nu se referă la tema abordată (mijlocirea sfinților), întrucât alta e mijlocirea (*μεσιτεία*) lui Hristos, Răscumpărătorul neamului omenesc, Domnul nostru Iisus Hristos și Fiul lui Dumnezeu înaintea Tatălui, și alta, mijlocirea și solirile (*πρεσβεῖα*) tuturor sfinților și ale Născătoarei de Dumnezeu la Mântuitorul Hristos.

Căci versetul scripturistic „Unul este și Mijlocitorul între Dumnezeu și oameni" propovăduiește pe Domnul nostru Iisus Hristos ca Mântuitor și Răscumpărător al lumii, făcând tuturor cunoscut că Unul este Izbăvitorul oamenilor de sub stăpânirea celui rău, că suntem datori să credem în El spre a ne boteza în numele Său și a primi iertarea păcatelor și că afară de El nu există mântuire.

Nimeni nu contestă astfel de lucruri în care credem și pe care le mărturisim. Iar dogma privitoare la mijlocirea sfinților la Mântuitorul Hristos exprimă tocmai această convingere a celor ce au crezut în Mântuitorul, Care i-a slăvit pe sfinții Săi și le-a ascultat cererile. Prin urmare, obiecția protestanților că „Unul este și Mijlocitorul între Dumnezeu și oameni", de care se folosesc peste măsură și prin care caută să ne convingă să nu cerem mijlocirile și solirile sfinților, nu are de-a face cu tema de față, fiind străină de ea; cu toate că tema propusă spre discuție e una nouă – nimeni necontestând că e nouă și diferită de tema de față –, aceasta nu anulează și nici nu desființează validitatea învățăturii privitoare la mijlocirea sfinților la Domnul, Carele i-a slăvit. Obiecția nu duce la o concluzie corectă fiindcă pe temeiul premisei majore „Unul este și Mijlocitorul între Dumnezeu și oameni" se înțelege că „Nimeni nu poate fi mijlocitor la Hristos" – ceea ce, sub aspect logic, e fals.

Un silogism corect ar avea următoarea concluzie: „Nimeni altcineva nu poate fi mijlocitor la Dumnezeu-Tatăl". Cei ce formulează însă obiecțiile nu fac astfel de silogisme și, cu toate că își pierd șirul, căzând, fără să vrea, în ceea ce Logica numește sofismul de tipul „fallaciae quaestionis duplicis", ne învață ce este evlavia după principiile rațiunii.

Într-adevăr, Mijlocitorul la Tatăl este unul – Fiul; dar la Fiul sunt toți sfinții din preajma Sa; căci, de câte ori ne rugăm Fiului, chemăm ca solitori pe Născătoarea de Dumnezeu și pe toți sfinții, punându-i pe toți aceștia „mijlocitori" – iar asta am învățat de la Sfinții Apostoli; ori de câte ori ne rugăm Tatălui, aducem ca Mijlocitor și Solitor doar pe Fiul și niciodată nu adresăm o rugăciune lui Dumnezeu-Tatăl spre săvârșirea unei Taine, urmându-se o rânduială care să nu se refere la Fiul lui Dumnezeu ca la Singurul Mijlocitor între Dumnezeu și oameni.

c) Mărturii din Sfânta Tradiție despre puterea de mijlocire a sfinților

Din Sfânta Tradiție aflăm că toți sfinții și Născătoarea de Dumnezeu au fost socotiți încă din vremurile apostolice, în Biserica cea Una, Sobornicească și Apostolească, solitori și mijlocitori la Mântuitorul Hristos pentru Biserica luptătoare, ca cei ce-au dobândit multă îndrăzneală către El.

Și:

i) în toate cărțile liturgice ale Bisericii Răsăritene, până și în cele ale bisericilor eterodoxe sunt amintiți sfinții ca solitori, mijlocitori pentru noi la Domnul nostru Iisus Hristos;

ii) din Tradiție Biserica a preluat din vremea apostolilor și scoate particele pentru Preasfânta Născătoare de Dumnezeu și sfinți pe Sfântul Disc, de-a dreapta și de-a stânga Sfântului Artos, făcându-se pomenirea numelui fiecăruia. Tradiția aceasta se întâlnește și în biserica romano-catolică dintotdeauna și pretutindeni;

iii) în Diptice se pomeneau și se pomenesc toți sfinții mai-înainte mutați din viața de aici;

iv) cei mai vechi dintre Părinții Bisericii au socotit dintotdeauna că sfinții mijlocesc pentru noi la Domnul, iar ei le-au cerut mereu soliile.

Astfel, Vasile cel Mare în *Cuvântul* său la cei patruzeci de martiri ne arată: „Ce n-ai fi în stare să faci ca să ai un mijlocitor pentru tine la Domnul? Dar acum ai patruzeci, care înalță o rugăciune în cor. Unde sunt doi sau trei adunați în numele Domnului, acolo e și El în mijlocul lor; iar acolo unde sunt patruzeci, cine se va îndoi că Domnul e de față? Cel întristat la ei își caută refugiul, cel ce se veselește la ei aleargă: unul ca să afle răspuns nenorocirilor sale, celălalt spre a păzi cele mai bune și mai de preț ale sale. Aici vei vedea o femeie evlavioasă rugându-se pentru pruncii ei, cerând în rugi întoarcerea soțului plecat departe sau izbăvirea cuiva bolnav. Cererile pe care le înălțați să le faceți dimpreună cu martirii. Tinerii să-i imite pe cei mai în vârstă. Părinții unora ca aceștia să se roage să ajungă și ei asemenea copiilor, iar mamele să învețe ce înseamnă a fi cu adevărat o bună mamă... O, cor sacru! O, ceată sfântă! O, falangă de nepătruns! O, paznici obștești ai neamului omenesc! Voi, care din bunătate vă faceți părtași grijilor noastre, împreună-lucrători spre împlinirea cererilor noastre, solitori plini de putere, astre ale lumii întregi, florile Bisericii. Pe voi pământul nu v-a înghițit, ci cerul v-a primit; deschisu-vi-s-au vouă porțile cerului" (Omilia a IX-a).

În același fel cere pentru sine solirile sfinților din cer: „Îi primesc și pe Sfinții Apostoli, profeți și martiri și îi chem spre ruga fierbinte la Dumnezeu, care prin ei înșiși, adică prin mijlocirile lor, Îndurat mi-L vor face pe Dumnezeu, Iubitorul de oameni, spre a mi se da mie ispășire de păcate" (Vasile cel Mare, Epistola 300, către Iulian Paravatul).

Grigorie Teologul în cuvântarea la Vasile cel Mare încheie în felul următor: „Tu cauți asupra noastră din ceruri, o, căpetenie sfântă și dumnezeiască, și ghimpele ce ni s-a dat în trup, spre cercarea și călăuzirea noastră, fie îl vei îndepărta prin solirile tale, fie ne vei convinge să-l purtăm răbdător; și toată viața ne-o vei îndrepta spre sfârșitul cel mai folositor, iar, când ne vom muta, ne vei primi și pe noi în corturile tale".

La fel și în cuvântul la Martirul Ciprian, dumnezeiescul Grigorie amintește de fecioara aflată în primejdie și de ajutorul și mijlocirea cerute Maicii Domnului (vol. I, p. 279).

Tot așa, și Hrisostom o cheamă spre a mijloci pentru noi pe Maica Domnului: „...Nu o trece cu vederea Dumnezeu pe Debora, nu-l trece cu vederea Dumnezeu pe Israel; căci o avem și noi pe Sfânta Fecioară și Născătoarea de Dumnezeu Maria, care mijlocește pentru noi: că dacă o femeie oarecare a biruit, cu cât mai mult nu-i va rușina pe vrăjmașii adevărului Maica lui Hristos?" („Cuvânt despre faptul că profețiile e firesc să fie neclare").

De asemenea și Meletie al Antiohiei ne spune într-un cuvânt de-al său: „Să ne rugăm cu toții, într-o rugăciune de obște, cârmuitori și cei cârmuiți, femei și bărbați, bătrâni și tineri, robi și liberi, făcându-l și pe Meletie părtaș acestei rugi" (vol. II, p. 619).

La fel și Origen mărturisește despre puterea mijlocitoare a sfinților, care, în virtutea vechimii acestei mărturii, ne încredințează de învățătura Bisericii primare privitoare la mijlocirea sfinților: „Oare sufletele celor uciși pentru mărturisirea lui Iisus se află în preajma jertfelnicului din ceruri, slujindu-I? Nu, ci pentru a da iertare de păcate celor ce se roagă" (*Cuvânt îndrumător la martiri* 30; *cf.* 50).

Teodoret, scriind despre nimicirea mormintelor de împărați și comparându-le cu cele ale Sfinților Martiri, observă: „Mormintele bunilor și biruitorilor martiri sunt strălucitoare și impresionante, se deosebesc prin mărimea lor, prin podoabe și frumusețe. Iar acolo nu intrăm o dată, de două sau de cincizeci de ori pe an, ci de mult mai multe ori, săvârșind prăznuiri, adeseori chiar în fiecare zi înălțând Stăpânului imnuri, iar cei sănătoși cer să li se vegheze sănătatea, cei ce se luptă cu o boală cer slobozirea din pătimiri, cei nerodnici cer copii, cele sterpe se roagă să devină mame și cei ce se desfată cu darul ce l-au primit cer să li se păzească darurile neatinse; cei ce sunt trimiși într-o oarecare călătorie îi imploră să li se facă tovarăși de călătorie și deschizători de drum, cei ce-au avut parte de o bună revenire le mărturisesc harul primit, apropiindu-se de ei nu ca de niște dumnezei, ci rugându-li-se lor ca unor oameni dumnezeiești și cerându-le să se facă solitori pentru ei; și că cei care cer cu credință au parte de cele pe care le-au cerut în rugăciune e mărturisit de ofrandele lor (obiecte votive), văditoare ale vindecării. Căci unii aduc ca ofrande anaglifele de ochi, alții de picioare, alții de mâini, unii făcându-le din aur, alții din argint; căci Stăpânul acestora le primește și pe cele mici, și pe cele de mai puțin preț, măsurând darul după putința celui ce-l aduce, în timp ce expunerea ofrandelor (obiectelor votive) vădește dezlegarea de pătimiri, pentru care s-au afierosit ca semne spre aducere-aminte de către cei ce s-au făcut bine. Acestea propovăduiesc puterea celor îngropați acolo (a martirilor), iar puterea acestora vădește că Dumnezeul lor (al martirilor) e Dumnezeul adevărat" (*Tămăduirea beteșugurilor eline*, VIII, § 64-65).

Teodoret scria aceste lucruri la mijlocul secolului al V-lea, când consemna istoria bisericească dintre anii 320 și 436.. Dacă acesta era respectul credincioșilor față de martiri la începutul secolului al IV-lea, cine-ar putea să nu susțină dimpreună cu noi, pe temeiul mărturiilor înfățișate, faptul că credincioșii, care au început să-i cinstească pe martiri odată cu întâiul martir, nu-i cinsteau la fel și în secolul al II-lea sau al III-lea și că urmând pildei și râvnei acestora și creștinii secolului al IV-lea nu-i cinsteau și nu le înălțau locașuri mărețe? Și din ofranda anaglifelor mădularelor omenești tămăduite e mărturisită și zugrăvirea de sfinte icoane în biserici, fiindcă anaglifele erau atârnate de ele așa cum, neschimbat, se petrece și astăzi, fapt ce vădește că Biserica a păstrat neclintit ceea ce a primit (prin tradiție) și că ale ei socoteli întemeiate sunt.

Patriarhul Ieremia în primul său răspuns către teologii protestanți de la Tübingen din 1576, la întrebarea a XXI-a și mai ales la ultimul capitol al Mărturisirii augustane (*Confessio Augustana*[1]) afirmă următoarele:

„Pentru a demonstra că e folositor a se face pomenirea sfinților spre susținerea credinței noastre, a celor care înțelegem că au avut parte de har și ajutor de Sus prin credință, spunem: chemarea (epicleza) aparține în mod propriu, în primul rând și în special, numai lui Dumnezeu, iar în ceea ce-i privește pe sfinți nu se face în mod propriu, ci prin har și, ca să spunem așa, circumstanțial. Că nu

[1] Mărturisirea de bază a luteranilor, alcătuită din 28 de articole, prezentată de Luther în latină și germană la 25 iunie 1530 împăratului Charles al V-lea, cu ocazia dietei de la Augsburg (*n. trad.*).

Petru și Pavel dau ascultare celor care îi cheamă în rugăciune, ci harul pe care-l au, în virtutea spusei Domnului: «voi fi cu voi până la sfârșitul veacului» (*cf. Mt.* 28, 20).

Cât privește chemarea lui Dumnezeu, dumnezeiescul Pavel le scrie romanilor în epistola sa «Dar cum vor chema pe Cel în Care încă n-au crezut?» (*cf. Rm.* 10, 14), arătând că trebuie chemat în rugăciune numai Cel în Care am crezut, adică Dumnezeu; de aceea și noi, la dumnezeiasca mistagogie (Liturghie) rostim «*Și ne învrednicește* pe *noi, Stăpâne,* cu *îndrăznire, fără* de *osândă, să cutezăm a Te chema pe Tine, Dumnezeul cel ceresc, Tată, și a zice: Tatăl nostru, Carele ești în ceruri...*» pentru a susține că în sens propriu nu putem chema (invoca) în rugăciune decât numai pe Dumnezeu. În altă parte spunem «*Doamne al puterilor, fii cu noi, că pe altul afară de Tine, ajutor întru necazuri, nu avem*». Iar altundeva, «Alt ajutor afară de Tine nu știm». Îi socotim mijlocitori pe toți sfinții și mai ales pe Maica Domnului, acordându-le prin sfinte anaglife, paraclise, acatiste o închinare relativă, nu adorare. Știm că adorare I se aduce cu adevărat doar lui Dumnezeu, afară de El neștiind pe nimeni altcineva și nici închinându-ne unui Dumnezeu străin (...).

Îi numim însă mijlocitori și solitori pe toți sfinții. Și nu doar în veacul de aici, ci și în cel ce va să fie susținem că va exista o putere de mijlocire, și îngerii se roagă pentru anumiți oameni, dar nu mai puțin și sfinții, și Stăpâna lumii. Numai că n-o vor face pur și simplu pentru toți, nici pentru cineva care a murit în păcat. Așadar, Dumnezeu a exclus de la un asemenea om mijlocirea: mila Sa e o dată pentru totdeauna. De aceea a și spus împotriva lor: «Nu va scăpa nici pe fiice» (*Iez.* 14, 16), ci cu toții se vor ruga doar pentru cei pentru care și solirile vor fi primite, adică pentru cei ce au ajuns prin pocăință să-și schimbe viața, dar care n-au reușit să-și spele păcatele, și asta înainte de încheierea Judecății. După ce chipul lumii de-acum va dispărea și fiecare va fi răpit în locul de pedeapsă rânduit lui, mijlocire nu mai este și nici nu se va mai putea săvârși de cineva.

Mijlocirea aceasta se săvârșește și propovăduiește în Biserică, astfel că strigăm cu glas mare către sfinți; și către Doamna noastră zicem: «Preasfântă Stăpână, Născătoare de Dumnezeu», către Sfinții Îngeri, «Toate puterile cerești ale Sfinților Îngeri și Arhangheli, rugați-vă pentru noi», dar și către Profetul și Înainte-Mergătorul și Botezătorul Domnului, către apostoli, martiri, cuvioși, păstori, profeți, dascăli ai lumii și toți ceilalți sfinți și către ceata sfintelor femei ne rugăm să mijlocească pentru noi, păcătoșii, ca prin harul lui Dumnezeu și puterea cea nebiruită și dumnezeiască și de nepriceput a Crucii să Se facă îndurat față de noi, care-I aducem adorare și în spovedanie, pocăință așteptăm și cerem să ni se lumineze ochii sufletului, ca nu cumva, păcătuind, să adormim în moarte și vrăjmașul să ne biruiască. Prin urmare, cerem în rugăciune ca prin mijlocirea tuturor celor pe care i-am pomenit mai sus Dumnezeu să ni Se facă ajutător și să ne izbăvească din cursele celui viclean."

Dumnezeul creștinilor este Dumnezeul celor vii, iar sfinții își arată grija față de Biserica luptătoare, rugându-se fierbinte la Domnul pentru ea. Și e foarte evident că o asemenea legătură de unire cu ei înflăcărează inima, înviorează simțământul și îndeamnă spre imitarea și urmarea acestor pilde de viață creștină. Învățătura aceasta este întărită și de practica Bisericii de a-i cinsti pe îngeri, în acord cu Iustin Filosoful și Martirul (Thierch. II, 338), de a-i prăznui pe martirii credinței în ziua martiriului lor, de a săvârși dumnezeiasca mistagogie pe mormintele lor și de a le cere să se roage pentru noi[1].

---

[1] *A se vedea* și mărturiile Sfinților Părinți din Wilhelm Münscher, *Handbuch der christlichen Dogmengeschichte*, Warburg, 1802, vol. I, pp. 85 și 449 *ș.urm.*

d) Mărturii din *Sfintele Scripturi* despre faptul că suntem datori să-i cinstim pe sfinții lui Dumnezeu

Vechiul Testament ne oferă o mulțime de fragmente în care ni se arată foloasele cinstirii sfinților lui Dumnezeu. „Lăudați pe Domnul întru sfinții Lui" (*Ps*. 150, 1); „Minunat a făcut Domnul pe cel cuvios al Său" (*Ps*. 4, 4); „Iar eu am cinstit foarte pe prietenii Tăi, Dumnezeule" (*Ps*. 138, 17). Și autorul *Pildelor* știe că „Pomenirea celui drept este cu laude" (*Pild*. 10, 7 [*LXX*]). În *Vechiul Testament* sunt cinstiți toți drepții, de la Adam până la Hristos. Împăratul-profet cântă în *Psalmul* 32: „Bucurați-vă, drepților; celor drepți li se cuvine laudă" (*Ps*. 32, 1), drepții fiind numiți „fii ai lui Dumnezeu" și cinstiți de toți cei ce iubesc pe Dumnezeu. Este cu neputință ca în studiul de față să includem toate câte s-au scris în *Vechiul Testament* despre cinstirea drepților, însă dacă ai susține că toate cărțile poetice ale *Vechiului Testament* sunt o laudă la adresa drepților, nu ai fi câtuși de puțin departe de adevăr. Drept urmare, dacă drepților li se cuvine laudă, oare ce laudă va fi îndeajuns pentru cei ce-au suferit de dragul credinței, adevărului și dreptății și s-au mutat la Dumnezeu? Socotesc că orice laudă se va dovedi neputincioasă în a arăta cinstirea cuvenită acestora.

Noul Testament începe fericindu-i pe drepți și sfârșește prin înălțarea și așezarea lor de-a dreapta și de-a stânga scaunului slavei lui Dumnezeu. Cum, așadar, pe cei pe care Dumnezeu i-a slăvit și i-a cinstit slugile Sale credincioase ar putea să-i necinstească? Credinciosul care-L iubește pe Dumnezeu îi iubește și pe sfinții Săi și cinstește și slăvește pomenirea lor.

În *Mărturisirea de Credință* a lui Mitrofan Critopoulos citim următoarele: „Ocrotitorii străvechi și sfinți ai Bisericii primare, văzând multe descoperiri, prin mijlocirea sfinților mutați de aici, făcute creștinilor încă din viața de acum – mă refer la Grigorie Taumaturgul, care s-a făcut ascultător al lui Origen și a primit prin descoperire credința plină de evlavie a creștinilor prin mijlocirea lui Ioan Evanghelistul și a Preasfintei Născătoare de Dumnezeu; la Constantin cel Mare, primul dintre împărații creștini, căruia i s-a predat creștinismul de către Apostolii Petru și Pavel, în timp ce Grigorie Teologul, cel preaslăvit între sfinți, ne spune că de multe ori era sfătuit în vis de Vasile cel Mare, care îi slujea la cele de trebuință; de altfel, în istoria Bisericii se află multe altele asemenea acestora – au priceput prin Duhul Sfânt că Biserica din cer, triumfătoare, nu este nesimțitoare la nevoile și pătimirile Bisericii luptătoare de pe pământ și că sufletele sfinților nu sunt cuprinse de somn adânc până la Înviere, asemenea celor adormiți de înrâurirea [plantei somnifere a] mandragorei, ceea ce unii foarte nechibzuit au cugetat.

Ne mirăm cum de le-a putut scăpa acestora faptul că apostolul își dorea să se stingă spre a fi cu Hristos. Căci nu și-ar fi dorit să petreacă într-o stare de letargie, dat fiind că știa aceste lucruri.

Pricepând acestea fiii de suflet ai Bisericii primare, mișcați fiind de Dumnezeu – că îndeobște fără ajutorul lui Dumnezeu nimeni nu poate săvârși nimic –, au început să-i cheme pe sfinți spre a mijloci și soli, lepădând definitiv, din această pricină, părerea aceea înșelătoare că ar fi cu adevărat într-o stare de adormire și arătând că în sufletele lor au simțire și, deși fără trup, nu sunt și fără de conștiință; și îi invocau cu credința că Duhul Sfânt, sălășluit în ei, le va descoperi acelora trebuințele celor de către care sunt invocați și-i va îndemna să arate milostivire față de frații lor, milostivire ce nu vădește altceva decât unitatea dintre ei și noi, pe care apostolul a asemănat-o cu ce altceva dacă nu cu cea dintre mădularele unui trup în care, atunci când un mădular suferă, toate celelalte mădulare vor suferi și pătimi dimpreună cu mădularul bolnav.

Că dacă sfinților, care încă sunt în trupul acesta împovărător, ce este ca un acoperământ sufletului – căci în nici un alt fel decât în oglindă și ghicitură putem vedea cele pe măsura celor superioare și cuvenite celor duhovnicești –, li s-au descoperit cele ce se află dincolo de el, precum lui Elisei, viclenia lui Ghehazi (*IV Reg.* 5) sau Apostolului Pavel, nevoia băștinașilor din Macedonia, că, zice, «noaptea i s-a arătat lui Pavel o vedenie: Un bărbat macedonean sta rugându-l și zicând: Treci în Macedonia și ne ajută» (*F.A.* 16, 9), cu cât mai mult atunci, când vor fi sloboziți de cortul și acoperământul acesta așezat deasupra sufletului, nu li se vor descoperi și mai lămurit cele ale noastre, astfel încât să nu fie cu nimic mai prejos de noi în aceasta?".

În *Manualul de Simbolică* al lui Chr. Androutsos citim: „Două sunt în mod principal argumentele pe temeiul cărora protestanții combat dogma aceasta a sfinților, în primul rând, din pricină că e potrivnică adorării lui Dumnezeu și primei porunci a Decalogului, și, în al doilea rând, întrucât «unul este și Mijlocitorul între Dumnezeu și oameni: omul Hristos Iisus» (*I Tim.* 2, 5), făcând din Dumnezeu un simplu împărat lumesc, care se pleacă în favoarea păcătoșilor; și argumentul acesta îl repetă până la dezgust societățile protestante din Răsărit, în spiritul lor demagogic.

Faptul că această dogmă nu e potrivnică cultului dumnezeiesc, nici nu are vreo legătură cu prima sau a doua poruncă a Decalogului îl mărturisesc deopotrivă și protestanții mai ponderați (Thiersch, II, 342); și oricine se poate convinge că, așa cum cel dintâi Augustin a remarcat, cinstea acordată sfinților nu este aservire față de ei, nici *adoratio*, ci închinare aducătoare de cinstire, întrucât cel ce se închină la o icoană sărutând-o face distincție neîndoielnic nu doar între icoană și prototip, ci și între Creator și creațiile Sale; astfel invocarea sfinților scoate și mai bine în evidență adorarea lui Dumnezeu, întrucât starea de fericire a sfinților izvorăște din certitudinea faptului că Domnul răsplătește și că slava Sa se revarsă și asupra credincioșilor care-L urmează, în timp ce Cel Preaînalt este slăvit întru ei.

Aureola sfinților, după cum în mod deosebit observă Möhler, nu e nimic altceva decât strălucirea slavei lui

Hristos și dovada puterii Sale nemărginite, care din țărână și păcat creează duhuri veșnice și luminoase (...).

Foarte grav este vătămată, de asemenea, și puterea de mijlocire a lui Iisus Hristos la solirile sfinților, fiindcă toată cererea către sfinți e adresată nu în virtutea puterii lor, care ar fi de la sine în măsură să salveze și să izbăvească de rău, ci în numele Domnului, ale Cărui har și ajutor I se cer în chip indirect. Nu doar expresiile grecești «a soli (*πρεσβεύειν*)», «a îndupleca (*δυσωπεῖν*)», «a implora (*ἱκετεύειν*)», ci și cele latine «miserere nobis (milostivește-se spre noi)», «audi nos (auzi-ne pe noi)», în opoziție cu «ora pro nobis (roagă-te pentru noi)» (*Cat. Rom.* IV 6, 8) exprimă acest gen de cerere care nu e nicidecum obiectul unei mijlociri, dar și cererile directe, adresate sfinților și mai ales Născătoarei de Dumnezeu, de tipul «mântuiește-ne, miluiește-ne pe noi», când sunt formulate în sensul lor fundamental, se referă la ajutorul și mântuirea dumnezeiești prin intervenția indirectă a sfinților. De altfel, odată ce protestanții acceptă că sfinții se roagă de la sine lui Dumnezeu pentru Biserica luptătoare, fără ca aceste cereri să aducă vătămare lucrării de mijlocire a Domnului, nu se poate, cum e și firesc, să se tăgăduiască nici credincioșilor de pe pământ putința de a cere sfinților ceea ce ei oricum fac de la sine și fără a se împotrivi deloc voii lui Dumnezeu; și cu cât mai mult se păstrează această atât de puternică și vie legătură cu Biserica triumfătoare, cu atât mai multe roade culeg cei ce se nevoiesc pe pământ (*cf.* Möhler 452). În genere, așa cum în viața de zi cu zi, dorindu-și unii altora viață lungă și fericire, nu se împotrivesc defel celui mai înalt dintre toate Principiile, Care le dăruiește de toate, tot așa și chemarea (epicleza) sfinților nu poate șubrezi relația absolută dintre creaturi și Creator.

În *Sfânta Scriptură* nu există nici un verset care să se opună cinstirii sfinților sau moaștelor și icoanelor lor, și nici protestanții, care invocă *Apoc.* 19, 10 și 22, 8-9, unde un înger nu l-a lăsat pe Ioan să i se închine: «Lui Dumnezeu închină-te!», nu au dreptate. Până și unui orb i-ar fi clar că îngerul respinge închinarea lui Ioan din pricină că Ioan socotea că îngerul era Dumnezeu Însuși; dimpotrivă, *Scriptura* mai degrabă vădește încet-încet dogma privitoare la sfinți prin cele pe care le afirmă despre Iuda Macabeul, care a văzut în vis pe arhiereii Onia și Ieremia rugându-se pentru popor (*II Mac.* 15, 22), despre drepții care sunt ascultați (*F.A.* 12, 5; *II Pt.* 1, 15; *Iac.* 5, 16; *Apoc.* 5, 8 *ș.urm.*), despre Apostolul Pavel, fie că el se roagă pentru alții (*Filim.* 1, 4), fie că le cere altora să se roage (*Rm.* 15, 30); se referă, de asemenea, la cultul sfinților, și cele afirmate despre heruvimii zugrăviți și despre ștergare și șorțuri (*Ieș.* 25, 18-23; *F.A.* 19, 12) ar putea fi folosite ca argumente în favoarea cinstirii sfintelor icoane și moaște.

Nu izbândesc absolut nimic obiecțiile nenumărate ale protestanților de felul: Iisus Hristos este soarele, iar sfinții, stelele care-și primesc lumina de la Soare, sau atunci când miezul zilei e luminat de soare, nimeni nu caută lumina cea ștearsă a stelelor (*cf.* Stolting Gebet 192)[1]. Inutilă e obiecția că niciodată rugăciunile noastre nu vor fi ascultate de sfinții care nu pot, în virtutea firii lor mărginite, să cunoască cele ale noastre. Așa cum îngerii se bucură în ceruri pentru un singur păcătos care se pocăiește și nouă ne e de neînțeles cum aceștia, mărginiți fiind, cunosc pocăința noastră, tot așa și sfinții, fiind în Dumnezeu, într-un chip mai presus de înțelegere, ajung să cunoască cererea, pe care le-o adresează credincioșii de pe pământ (Thiersch, II, 332).

În același fel se exprimă întru totul neadevărat și câțiva teologi protestanți mai recenți, pretinzând că temeiul general al icoanelor e corect, că tot ce a apărut în istorie poate fi reprezentat cu ajutorul artei, dar fără a stabili vreo legătură între materia din care sunt alcătuite icoanele și istoricitatea sfinților și fără a se referi la cinstea atribui-

[1] Daca am cere de la sfinți luminare spre cunoștința adevărului, atunci parabola și-ar avea un oarece loc aici, însă nu-și are nici loc, nici valoare, fiindcă noi nu cerem nicidecum asemenea lucruri de la ei. Astfel că cei ce susțin acestea sunt victimele unei mari rătăciri (*n. aut.*).

tă lor (Cass 324 *ș.urm.*). Toate acestea sunt distincții neîntemeiate, care pot fi abandonate. Tocmai elementul didactic cât privește reprezentarea conduce în mod obligatoriu la statuarea unei relații de dependență între istoricitatea sfinților, în timp ce simpla desfătare artistică în Biserică, aflată la antipodul scopului cultului religios, foarte greu poate fi așezată ca scop și îngăduită de duhul Bisericii primare care domnește asupra Bisericii.

Cinstea sfinților lăudați de Biserică nu se poate limita la recunoașterea generală, vagă și, sub aspect moral, sterilă a faptelor lor, așa cum se petrece în cazul celor care s-au distins și au adus foloase societății, ci e necesar să ia o formă religioasă cuvenită, prin care să-i întărească și să-i purifice pe credincioși, făcându-i să rodească – acest lucru reprezentând respectul și închinarea la icoane și sfintele moaște prin sărutare și cererile înălțate înaintea lor. De aici vedem că acele forme de expresie generale privitoare la cinstirea sfinților, prezente în *Confessio Augustana*, lipsite fiind de singurul lor veșmânt religios autentic, nu au avut înrâurire nici asupra inimii poporului, nici nu au schimbat în vreun fel viețile oamenilor. Aplecarea către viața religioasă pe care o exercită reprezentarea Domnului înconjurat de un asemenea «nor de martiri» (*cf. Evr.* 12, 1)[1], care au pătimit pentru El, slăviți de El și întru totul încununați de sărbătorile din ciclul anual al prăznuirii sfinților care au mers pe urmele Lui, o înțelege foarte bine oricine chiar și astăzi, când va cerceta comunitățile răsăritene încă neinfluențate de curentele așa-zisei culturi și modernități. Această înclinație a avut-o în vedere și Herder când și-a propus să editeze pentru popor antologia de texte din *Acta Sanctorum* (Thiersch, II, 343)."

Chiril al Ierusalimului ne învață despre cinstirea sfinților:

„Cinstim raclele sfinților și actele lor de bărbăție atât de luminoase, păstrându-le amintirea neveștejită prin pomenirile întru cinstea lor și

[1] Conform exegezei patristice, expresia „*νέφος μαρτύρων*" se traduce prin „nor de martiri" și nu „nor de mărturii", ca în ediția actuală a Bibliei Sinodale *(n. trad.)*.

răsplătiri nemăsurate. Cinstind credința, îi cinstim pe bărbații sfinți, pe cei încununați prin șuvoaiele lor foarte mari de fapte eroice, pe cei ce s-au nevoit dându-și sufletul și sângele și au mărturisit spre slava lui Hristos, care strălucesc prin vitejiile dreptei-credințe" (Chiril al Ierusalimului, cartea a VI-a).

Iar Vasile cel Mare adaugă:

„Cel ce se atinge de oasele unui martir dobândește o oarece părtășie la sfințenia trupului în care harul dumnezeiesc sălășluiește. Că «Scumpă este înaintea Domnului moartea cuvioșilor Lui» (*Ps*. 115, 6)".

Acestea cugetă și crede Biserica Ortodoxă Răsăriteană privitor la cinstirea și solirea sfinților lui Dumnezeu, cu ale căror rugăciuni, Hristoase, Dumnezeul nostru, miluiește-ne și ne mântuiește pe noi!

CUPRINS

DESPRE PREASFÂNTA NĂSCĂTOARE DE DUMNEZEU

DESPRE SFINȚII LUI DUMNEZEU

Comenzi:
www.librariasophia.ro

Difuzare:
SUPERGRAPH
Str. Ion Minulescu nr. 36, sector 3,
031216, București
Tel.: 021-320.61.19; fax: 021-319.10.84
e-mail: contact@supergraph.ro
www.librariasophia.ro
www.sophia.ro